旅游规划与设计

TOURISM PLANNING & DESIGN NO.35

旅游规划 ＋ 景观建筑 ＋ 景区管理

北京大学城市与环境学院旅游研究与规划中心　主编

中国建筑工业出版社　出版

过度旅游及其治理
Overtourism and Governance

图书在版编目（CIP）数据

旅游规划与设计 过度旅游及其治理 = Tourism Planning&Design Overtourism and Governance / 北京大学城市与环境学院旅游研究与规划中心主编.—北京：中国建筑工业出版社, 2021.11
ISBN 978-7-112-26629-6

Ⅰ.①旅… Ⅱ.①北… Ⅲ.①旅游规划 Ⅳ.①F590.1

中国版本图书馆CIP数据核字(2021)第192368号

主编单位：
北京大学城市与环境学院旅游研究与规划中心　　北京大地风景文化旅游发展集团有限公司

出版单位：
中国建筑工业出版社

编委（按姓名拼音排序）：

保继刚（中山大学）	陈　田（中国科学院）	陈可石（北京大学深圳研究生院）
高　峻（上海师范大学）	刘　锋（巅峰智业）	刘滨谊（同济大学）
罗德胤（清华大学）	马晓龙（南开大学）	马耀峰（陕西师范大学）
石培华（南开大学）	唐芳林（国家林草局）	王向荣（北京林业大学）
魏小安（世界旅游城市联合会）	谢彦君（海南大学）	杨　锐（清华大学）
杨振之（四川大学）	姚　军（中国旅游景区协会）	张　捷（南京大学）
张广瑞（中国社会科学院）	周建明（中国城市规划设计院）	邹统钎（北京第二外国语学院）

名誉主编： 刘德谦

主编： 吴必虎
本期特约主编： 张广瑞　沈　涵
常务副主编： 戴林琳
副主编： 钟栎娜　李咪咪　汪　芳　高炽海
编辑部主任： 林丽琴
编辑部副主任： 姜丽黎
编辑： 崔　锐　徐文晴
装帧设计： 张正媛
责任编辑： 郑淮兵　王晓迪
责任校对： 王　烨

封面图片提供： 徐晓东
封面图片说明： 北京颐和园
扉页图片提供： Cristian Salinas Cisternas from Pexels
扉页图片说明： 意大利威尼斯
封二底图提供： 徐晓东
封二底图说明： 柬埔寨暹粒吴哥
封三底图提供： 徐晓东
封三底图说明： 北京颐和园

旅游规划与设计　过度旅游及其治理
Tourism Planning & Design　Overtourism and Governance
北京大学城市与环境学院旅游研究与规划中心 主编

中国建筑工业出版社 出版、发行（北京海淀三里河路9号）
各地新华书店、建筑书店经销
临西县阅读时光印刷有限公司印刷
*
开本：880毫米×1230毫米 1/16　印张：8¾　字数：252千字
2021年11月第一版　　2021年11月第一次印刷
定价：**58.00**元
ISBN 978-7-112-26629-6
　（38002）

版权所有　翻印必究
如有印装质量问题，可寄本社图书出版中心退换
　（邮政编码100037）

卷首语
过度旅游及其治理

今天是2020年的最后一天。回顾这一年，感觉颇为魔幻，揣测未来，迷茫惆怅。突如其来的新冠疫情，狂若幽灵魔怪，顿时让"地球村"亿万风尘仆仆的跨境旅行者停住了脚步，居家守望；让高潮迭起的全球旅游业断崖式跌落，让世界雄心勃勃的旅游相关企业束手无策；各国政府为了人类安康与国家安全大局，也不得不关闭国门，航班"熔断"。旅游业在过去几十年持续发展的惯性下，当前的局面尤为突兀诡异，良方难寻。在这各国政府、旅游业界以及公众都翘首企盼旅行与旅游活动得以恢复、旅游业得以重生和振兴的时刻，讨论"过度旅游"似乎有点怪异，不合时宜。有鉴于此，恐怕有必要做以下几点说明：

其一，本辑这一选题是三年前提出的，而"过度旅游"在2018年受到全球关注。本辑内容设计、策划与约稿是在这段时间内进行的。因此说，本辑关注的是世界旅游发展中一个重要的特定现象，而非临时决定的特别选题，其目的也不是直接针对疫情对旅游的影响而寻求解决方案和应对措施。过度旅游是一个全球性问题，从马尔代夫到珠穆朗玛峰，从京都到巴塞罗那，世界很多地方都经历了旅游业过度发展引起的环境恶化和社会冲突的危机事件，这些冲突让人反思旅游业的属性和意义——旅游业究竟给谁带来了幸福和价值？发展旅游业的代价是什么？

其二，新冠疫情的发端与肆虐是一突发事件，其影响立竿见影，始料不及，而残酷的现实又告诉世人，疫情从最初被视为突发灾难，很可能会演变成一种难以想象而又必须接受的常态。时至今日，各国医学专家也很难准确地判定，何时才能够成为"疫情之后"，即使有"疫情之后"，人们也有理由相信，那也不再是简单地回归到人们熟悉的"疫情之前"。其结果很可能是，国际旅行与旅游活动的停滞总归是"暂时的"，肯定有一天能够得以继续，然而曾让全球关注的"过度旅游"现象产生的根源，在政府制定政策的理论基础与管理机制、旅游企业经营的理念与模式、旅游的行为与消费观念等方面并没有真正消失，只不过是暂时被屏蔽了，一旦有了适宜的条件还会发生作用，死灰复燃，尤其是到诸如一些人所企盼的"报复性消费"和"报复性营销"的时日。以往的教训不得不记取，一定要防患于未然。

其三，在流行疫病从发生、传播到变异的过程中，我们似乎都有了这样深刻的体会：当今"唯一不变的是'变化'"和"唯一可以确定的是其'不确定性'"。这场于新世纪出现的人类重大灾难对旅游发展的未来意味着什么，今后人类的旅游活动与旅游业发展是否需要重新定义，其目的、业态与规律是否会出现"颠覆性"的变革，这都是我们现在需要思考和研究的大问题，为这些问题寻找答案更将成为旅游学者和专家们需要承担的使命。

我们不是极端乐观主义者，但也绝非极端悲观主义者。人类曾经经历过无数次劫难与危机，但无论这些灾难如何严重与危险，都没有阻挡人类社会的发展与进步，而这些进步都是一次次的历练与升华。人类在其漫长的社会发展过程中从经验与教训中得出了这样一个理性的结论：可持续发展是一条必由之路。同样，可持续性也是人类旅游活动和旅游业发展所必须遵循的基本原则。

这次新冠疫情使得很多曾经人群熙熙攘攘的景点空无一人。有一段视频：威尼斯的海豚洄游，在清澈的河道里欢快地追逐小鱼。而这条河道几十年来一直都被川流不息的贡多拉所占据。人们突然意识到旅游驱逐的不仅仅是那些土著居民，还有自然生物。疫情过去后，我们是应该回到以往的那种拥挤模式，还是寻找更加有效的更尊重自然和社会的旅游新模式？我们觉得有必要讨论促进游客、目的地和居民的责任行为，保持旅游业可持续发展的模式。深入研究和制止"过度旅游"现象对促进可持续旅游发展是有益的，是重要的，需要长期坚持。从这个意义上来说，本辑这一专题的选择是正确的，是有意义的，也是非常有远见的，这也是我们最初接受邀请参与本辑一些工作的初衷。

新冠肺炎疫情给全球旅游业带来重大打击，同时也推动了旅游市场新格局的形成。区域内的旅游内循环，国内旅游和省内旅游市场的新分层，旅游需求的高度分化，造成未来旅游市场的进一步细分和多元化消费。但是无论市场如何分化，有一个共同趋势——游客注重安全、追求品质和健康，这将成为疫后旅游市场的重要特征。过度拥挤和过度商业化等粗放式发展路径将被高品质精细化发展路径替代，这是未来旅游业发展的重要主题。正如联合国世界旅游组织秘书长祖拉布·波洛利卡什维利指出的："新冠疫情带来的这场危机是旅游业转型升级发展的机会，创新和可持续发展是新常态的关键支柱。"

本辑的主题是"过度旅游及其治理"，共收集论文12篇，内容涉及过度旅游的基础理论、过度旅游的游客行为与社区态度、旅游容量与目的地管理、预约旅游作为过度旅游的解决途径等内容。感谢吴必虎教授邀请我们担任本辑《旅游规划与设计》的客座主编，感谢编辑部林丽琴、姜丽黎的细致工作。希望本辑的出版，能给读者带来对旅游业未来发展路径的思考。

本期特约主编

中国社会科学院旅游研究中心
名誉主任、博士生导师

复旦大学旅游学系
教授、博士生导师

目 录

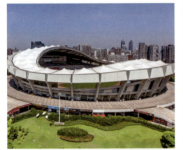

06　过度旅游的基础理论

08　"过度旅游"现象的前世今生　　　　　　　　　　　　　　　　　张广瑞

20　基于可持续发展原则寻求过度旅游解决方案　　　　　　胡方丽　樊佳依　沈　涵

28　过度旅游的游客行为与社区态度

30　如何以青年旅客的视角缓解过度旅游：比较深圳和香港大学生对粤港澳大湾区

　　城市形象的观感　　　　　　　　　　　　　　　　　陈宗诚　马　航　周沁柔

44　滑雪者在拥挤感知下的调适行为研究：以感知风险为中介变量

　　　　　　　　　　　　　　　　　　　　　陈　虎　岳忻蕾　王颖超　刘义铭

54　历史街区旅游发展中的弱势群体态度分析和应对建议　　　　　　　　杨劲松

62　旅游容量与目的地管理

64　候鸟群体流动性对城市旅游与管理影响探究：以海南省三亚市为例　何　欢　徐红罡

74　过度旅游与目的地生态修复：意大利威尼斯案例研究　　　　　　王佩瑶　郭晶晶

82　颐和园客流超载管理的规划实践　　　　　潘运伟　王克敏　常雪松　王彬汕

90　国家公园如何交"疫考"答卷：适度容量下的国家公园保护与规划研究　韩林飞　方静莹

98　适度容量概念下的旅游规划与实践：以贵州省贵阳市青岩古镇为例　刘志敏　宫连虎

106　预约旅游作为过度旅游的解决途径

108　预约旅游：景区智慧化运营的一线实践　　　　　　　　　　　路梦西　吴　青

114　旅游实名分时预约模式探讨　　　　　　　　　　　　　　　　　　　鲍贵宝

122　中国旅游规划四十年

123　刘德谦：我所经历的中国旅游规划四十年（口述历史）　《旅游规划与设计》编辑部

过度旅游及其治理

CONTENTS

TOURISM PLANNING & DESIGN　NO.35
旅游规划与设计 35
旅游规划 ＋ 景观建筑 ＋ 景区管理
北京大学城市与环境学院旅游研究与规划中心 主编
中国建筑工业出版社 出版

06　**Theoretical Foundation of Overtourism**
08　The Phenomena of Overtourism: The Past and the Present　*by Zhang Guangrui*
20　Avoiding Overtourism: A Solution Based on Sustainable Development Principles
　　by Hu Fangli, Fan Jiayi, Shen Han

28　**Tourist Behavior and Community Attitude in Overtourism**
30　Mitigating Overtourism: A Comparison Study of the Perceived City Image of Greater Bay Area by College Students from Shenzhen and Hong Kong　*by Chen Zongcheng, Ma Hang, Zhou Qinrou*
44　Coping Behavior of Skiers with the Crowding Perception: The Mediating Effect of Perceived Risk　*by Chen Hu, Yue Xinlei, Wang Yingchao, Liu Yiming*
54　Underprivileged Community in Historical District Tourism Development: Attitude and Solution　*by Yang Jinsong*

62　**Tourism Carrying Capacity and Destination Management**
64　The Impact of Seasonal Migrants and Mobility on Urban Tourism Management: A Case Study of Sanya, China　*by He Huan, Xu Honggang*
74　Overtourism and Ecological Remediation: The Case of Venice, Italy　*by Wang Peiyao, Guo Jingjing*
82　Managing Carrying Capacity in the Peak Season of Summer Palace: Implications for Planning Practice　*by Pan Yunwei, Wang Kemin, Chang Xuesong, Wang Binshan*
90　Responding to the Global Epidemic: Managing Carrying Capacity for the Conservation and Planning of National Parks　*by Han Linfei, Fang Jingying*
98　Carrying Capacity Management in Tourism Planning: A Case of Qingyan Ancient Town in Guiyang City, Guizhou Province　*by Liu Zhimin, Gong Lianhu*

106　**Online Booking as a Solution to Overtourism**
108　Online Booking for Attraction Entrance: Strategies and Practices of Smart Tourism Attractions　*by Lu Mengxi, Wu Qing*
114　Real-name and Time-distribution Online Booking System: An Experimental Study　*by Bao Guibao*

122　**40 Years of Tourism Planning in China**
123　Liu Deqian: Personal Experience of Tourism Planning in China in the Last Forty Years (Oral History)　*by the Editorial Office of Tourism Planning and Design*

Overtourism and Governance

北京大学城市与环境学院旅游研究与规划中心　主编
中国建筑工业出版社　出版

意大利威尼斯一景

过度旅游的基础理论

Theoretical Foundation of Overtourism

张广瑞 "过度旅游"现象的前世今生
胡方丽 樊佳依 沈 涵 基于可持续发展原则寻求过度旅游解决方案

Ruth Archer 摄,引自Pixabay

"过度旅游"现象的前世今生
The Phenomena of Overtourism: The Past and the Present

文 / 张广瑞

【摘　要】

进入新世纪前后，全球大多数国家和地区已经或开始进入大众旅游时代。随着旅游业规模扩展与发展速度加快，"过度旅游"现象逐渐显现，其负面影响凸显，到21世纪第二个十年后期，"过度旅游"受到全球关注。本文以国际视角，对"过度旅游"现象的来龙去脉做一初步梳理，对针对其负面影响的认识和所采取的对策做一介绍，以期推进我国学术界重视对这一现象的研究，借鉴国际经验和教训，促进我国旅游业健康有序地发展。

【关键词】

过度旅游；可持续旅游发展；旅游管理

【作者简介】

张广瑞　中国社会科学院旅游研究中心名誉主任

1 导言：从"过度旅游"入典说起

据《柯林斯英语词典》的官网记录，2018年2月20日，葛雷格·狄金森（Greg Dickinson）提出将"overtourism"作为新词语列入词典的建议。在建议中，他对该词表述的概念是"受欢迎的旅游目的地或景点被游客以一种不可持续的方式吞噬的现象"，他还补充说，"过度旅游在罗马市中心造成了严重的交通问题"，"肆无忌惮的过度旅游已经威胁到马丘比丘和中国长城等景点的完整性"，"印度政府试图通过限制泰姬陵每日游客数量来遏制过度旅游的影响"。根据牛津英语语料库的数据，"overtourism"一词的使用在2017年间激增，部分原因是欧洲各地出现了大规模抗议活动，要求对过度旅游泛滥采取行动。尔后的2018年，该词作为常规词汇出现，超过了anti-tourism（反旅游）和tourism-phobia（旅游恐惧症）的使用频率。

以上是2018年底和2019年初国内外新闻媒体转载频率颇多的一则消息，这一消息不仅是对新词"入典"的重视，而且在全世界范围内引起了一场对"过度旅游"现象的热议高潮。媒体宣传首当其冲，各种报道频繁，形式多种多样，图文并茂，语言越来越尖刻，"过度旅游，全球关注"成为令人瞩目的主题词。媒体报道引起了社会公众的关注，使相关城市的政府和旅游管理部门更焦急，一些与旅游相关的国际组织开始出面组织调查研讨，纷纷利用自己的平台发声。与此同时，不同研究领域的学者也参与其中，一些颇有深度的案例研究和学术文章刊登在权威的专业期刊上。

"过度旅游"入典之事可看作是个导火索，而这一词语及其相类似的表述大大早于2018年，有理由相信，在今后的日子里，人们会对这些词语产生的大背景以及被关注的原因进行更加深刻的探讨。学术界有必要对这一现象的发生、发展及其对未来可能产生的影响进行深入的剖析，并适时地找出控制这一现象、减少和消除它对旅游和社会发展造成不良影响的途径和方法。

2 "过度旅游"现象的前世

据信，英文tourism（旅游）一词出现在1811年，与之相伴的travel（旅行）一词出现得更早。无论是哪种语言，旅行的寓意都是艰辛与磨难，而旅游一词出现后到现在的200多年间，人们却赋予了它丰腴的美意，诸如"快乐""享受"与"幸福"等，还不断增加溢美的前缀或形容词，诸如消遣旅游、观光旅游、度假旅游，即使是探险旅游、黑色旅游、末日游、灾难旅游等，也都被赋予了不少神奇、勇敢的色彩。后来的生态旅游（ecotourism）、绿色旅游（green tourism）和可持续旅游（sustainable tourism）又注入了美好的期盼，"旅游"简直像个口含金钥匙出生的幸运儿。从20世纪50年代初，世界结束了旷日持久的战争状态，开始了久违的享受和平安宁的日子，人们对旅游活动的热情与日俱增，高潮迭起。于是，为之服务的旅游业很快被戴上了"投资少、见效快、无烟工业"的桂冠，尔后在不到半个世纪的岁月里，又被誉为"朝阳产业"，一跃成为"世界最大的产业"，深受推崇和青睐，尤其是在全球经济不景气的时期，旅游业的地位则被抬得更高，即使是早已财大气粗的超级经济体，也不敢小视这个能"下金蛋的鹅"，那些后起的新兴经济体和一些贫穷落后的国家和地区，更是把发展旅游视为改善经济、脱贫致富的灵丹妙药，列入国家经济振兴的重大战略。

然而，在这期间，人们也注意到一些细微的变化。在20世纪80年代之后，社会对世界旅游业蓬勃发展的关注点，从最初赢得外汇和增值效应等经济影响转向社会、文化和环境等多重影响，从积极影响转向消极影响。世界旅游组织（UNWTO）1980年发布的《马尼拉旅游宣言》[①]中有一段表述尤为醒目，"不论旅游业的经济收益多么现实而重要，都不会，也不可能成为各国做出鼓励发展旅游业之决策的唯一标准"。从那个时代起，联合国制定了具有里程碑意义的《21世纪日程》，可持续发展的原则被普遍认同，成为一切发展的出发点和归宿，可持续发展也成为世界旅游发展的原则与方向。

从21世纪开始，全球旅游业的发展发生了重大变化，几乎所有的国家和地区都陆续进入大众旅游时代，旅游需求和消费方式在不断更新，新技术和新媒体的超速发展不仅改变着产业发展的模式，改变着人们的思维方式，也对传统经济学理论提出挑战。在这期间，全球经济出现了较长时间的萧条，更多国家对旅游业的快速发展尤其是新兴

图1 日本京都寺庙人潮汹涌　　　　　　　　　　　　　　　　　　　　　　　　　　　　　　　　　图片来源：摄图网

经济体的出境旅游在促进全球经济恢复与振兴上抱有很高期望。与此同时，国际社会尤其是欧洲一些老牌旅游国家，越来越感觉到失控的旅游发展给当地社会带来了负面影响和巨大压力，对如火如荼的旅游活动表现出"既爱又恨"的尴尬，欲罢不能，欲进维艰。这就是"过度旅游"现象出现的大环境，"过度旅游，全球关注"凸显于2017年，而后不断升级。

"过度旅游"，就是人们平时常说的人满为患现象（图1）。首位建议将"过度旅游"英文语汇入典的葛雷格·狄金森表示，他感觉早在1988—1994年间就见到了这一词语，不过，当时担忧的是野生动物和原野，而不是目的地居民。也许还有类似的语汇也表达了这个意思，例如旅游饱和(tourism saturation)、过度拥挤(overcrowding)、旅游恐惧症（travelphobia/tourismphobia）、社会罪恶(social crime)等。1993年英国《金融时报》曾刊登过一篇题为"一个叫作旅游的社会罪恶"的署名文章，把旅游和吸烟、酗酒一样视为"社会罪恶"进行抨击。文章作者呼吁取消所有旅游促销活动，关闭所有海外旅游办事处，而且要像对待香烟一样，在所有旅游广告中加上这样的警告语：旅游对国家健康是有害的。他还建议对旅游要课以重税，并号召所有的公民抵制外来旅游者，不与他们交谈，将路边路标、指示牌推倒或转向相反的方向……②当然，这在当时被看作是离经叛道的个别现象，并未引起太多的响应。

2013年，美国获奖作家和资深记者伊丽莎白·贝克尔（Elizabeth Becker）出版了《超额预定：旅游的爆炸性增长》一书。这本书虽不是学术著作，但却是一部深度剖析世界旅游发展的调查报告，是作者花了5年时间通过在世界各地进行实地考察撰写出来的，作者用自己的方式和语言分析了旅游这个"爆炸于冷战结束时的无形产业"，褒贬皆有之，忧虑多于喜悦。她在书中说，"旅游业是一把双刃剑，看起来似乎是一种能赚取急需钱财的简单方法，但它会破坏荒野之地和当地文化，以适宜制造包价旅游团"；她提出，"更令人深思的问题之一是大众旅游如何改变了文化"。她非常赞赏法国政府在发展旅游业中始终坚持"让法国永远是法国"和坚决支持当地社区远离大众旅游陷阱所做出的努力；她同时认为，威尼斯和柬埔寨大众旅游的失控是一种灾难。威尼斯的故事的确是壮丽而悲惨的，自20世纪80年代起，在不到30年的时间里，这座城市沦落成过度旅游的牺牲品，这座名城成了因过度旅游而衰败的反面教材。当地人曾沮丧地说，"我们不反对旅游业，我们反对让我们的城市输给旅游业"。这是笔者21世纪以来读到的最早和最深刻的剖析过度旅游危害的著作。

自20世纪后期以来，随着旅游业的发展，在一些地方和一定时期，过分拥挤现象愈演愈烈，造成的环境破坏和当地居民流离失所的问题一直有增无减。20世纪倡导的对可持续旅游发展和景区承载力的探讨就是对这一趋势的应对。似乎越来越多的人感觉到，一些城市或者国家，对不断升级的过度旅游现象置若罔闻，甚至为了某种目的而置当地人和游客的利益于不顾，旅游发展的噩梦在所难免。正像贝克尔在她的书中所阐述的那样，"旅游业是个罕有的产业，它的'产品'是一个国家"。因此，政府在旅游发展中始终扮演着核心角色，任何国家或地区，旅游的成败均在政府决策，经济落后的国家如此，经济发达的国家也如此。

3 "过度旅游"现象的今生：全球关注

虽然一些国家或城市出现过度旅游现象由来已久，但一般认为，这一现象真正引起全球性的关注是最近五年的事，其中至少有四个明显的表现：其一是，过度旅游现象已为多种重要媒体所关注，普通大众的关注度越来越高；其二是，在世界范围内，不只是个别国家或地区出现了一些"过度旅游"的典型案例，其消极影响遭到当地社会和旅游者的反感或反对，这种情绪有扩散或强化的趋势；其三是，越来越多的政府机构开始重视过度旅游问题，开始着手制订和实施应对的政策和措施；其四是，学术界进行案例调查和理论分析，发表大量学术研究成果，影响在扩大。

21世纪并没有给世界旅游发展带来更多福音，2001年美国"9·11"事件和2003年"非典"疫情使原本指望高潮迭起的全球旅游业出现了负增长，而始于2007年的美国次贷危机殃及全球，引发了新世纪开始后一场漫长的经济萧条，旅游业呈现了较长时间的低迷徘徊。直到21世纪第二个十年开始之后，全球国际旅游才出现了增长势头，亚太地区的发展速度超越欧洲和美洲，国际旅游市场格局发生重大变化。2015年世界旅游组织提出的"十亿游客、十亿机会"年度主题令世界鼓舞，于是世界各国，尤其是欧美国家，更看重在经济总体不景气和消费信心不足的情况下旅游发展的特殊意义，纷纷主动简化入境旅行手续，促进旅游消费升级。然而，就在这个时候，过度旅游现象引发的矛盾再次出现高潮，集中反映在欧洲一些国家，与此同时，这一现象也开始在亚太地区出现和扩散。有些旅游目的地的过度旅游现象已成常态，并日趋严重，当地社区反应强烈；有的地方则是季节性、周期性的，旅游者抱怨增加，但当地政府和企业并不敏感，依然对旅游人数增长期望很高。世界对过度旅游的关注体现在以下几个方面。

3.1 媒体关注领先，广泛报导"过度旅游"的新趋势

和以往不同的是，过度旅游现象首先引起了媒体的关注，既包括有重要国内和国际影响的主流媒体，也包括为数众多的新兴社交媒体和自媒体，后者充分发挥网络媒体发稿量大、传播速度快、周期短、受众多和互动的优势，影响非常大。尽管有些媒体囿于多种原因自采量小，但可以大量转载相关媒体的报道和文章，提高自己的关注度。这些媒体又充分发挥现代IT等新技术的优势，吸引力更强。英国可持续旅游网站营销公司（Responsible Tourism）自2001年创建至今，20年来一直关注对可持续旅游发展的探讨与实践，2018年制作了名为《太挤了，过度旅游的故事》的纪录片，并写作专文《过度旅游》，详细阐述了过度旅游的定义、全球分布、原因和责任、解决的途径，并对威尼斯、杜布罗夫尼克、巴塞罗那和克罗地亚等四个案例进行详细解析，《过度旅游》已成为迄今为止对世界过度旅游现象解析最形象、最详细和最深刻的代表作。SKIFT是一家旅游情报公司，为旅游行业的专业人士和旅游者提供新闻、信息、数据和服务，已将过度旅游确定为关注的重点。早在2016年8月，公司首席执行官兼创始人拉法特·阿里（Rafat Ali）为一篇关于冰岛旅游业影响的文章写了前言，其标题是"过度旅游的危害即将来

临"，这是提出"过度旅游"警示的"早鸟"。

3.2 国际旅游发展趋势研究咨询公司的积极介入

世界上有大批专门从事旅游发展战略研究的咨询公司，它们的工作重点之一就是追踪世界旅游发展趋势，通过国际旅游博览会等大型活动发布研究成果。德国IPK国际公司是较早发现和追踪过度旅游现象的机构，2018年发布了《国际旅游业需要新的战略管理"过度旅游"》一文，其内容被当年柏林旅游博览会发布的《ITB世界旅游趋势报告》（以下简称《报告》）引用。《报告》称，过度旅游不仅直接影响着旅游目的地、旅游吸引物、当地基础设施和居民，也影响着旅游者自己。该报告披露的世界旅游检测公司（World Travel Monitor）提供的数字显示，2017年全世界国际旅游者中有25%的人感觉到旅游目的地的"过度旅游"，且9%的旅游者（相当于1亿旅游者）表示过度旅游已经真正影响到出境旅游的质量，而带孩子家庭的反应更加强烈，所占比重为13%，其中亚洲出境旅游者对过度旅游更加敏感。世界经济论坛（WEF）是一个政府与私营部门合作的国际组织，由政界、商界和其他社会领袖参与，旨在制定全球、区域和行业议程，定期发布世界各国及行业的竞争力报告，在世界范围具有重大影响。该机构在《2019年世界旅游竞争力报告》前言中就过度旅游现象进行了阐述，称"'过度旅游'一词已成为一个常用语。过度旅游用于描述旅游对目的地、居民和游客的负面影响，通常是旅游管理不善导致的拥挤和过度拥挤，可以认为是旅游目的地超出其旅游承载力的结果"，并指出，"正是在这种增长潜力巨大、旅游基础设施和服务面临越来越大压力的背景下，旅游业的竞争力可以同时被视为一个强大的经济增长驱动力，如果管理不当，旅游业的持续发展将面临风险"。

3.3 国际旅游政府组织、区域国家组织和业界组织做出积极反应

对待全球普遍关注的过度旅游现象，各国政府和国际旅游行业组织都主动做出了反应，依据自身职能和责任对这一现象的性质及影响表明了自己的观点。作为联合国负责世界旅游发展的专门机构，联合国世界旅游组织2017年在英国伦敦旅游博览会期间，专门组织60多位旅游部长和私营部门领导人举办了主题为"'过度旅游'：增长与管理"的峰会。时任秘书长塔利布·瑞法依强调说，"增长不是敌人。人数的不断增长不是敌人。增长是人类永恒的故事。旅游业的增长能够而且应该带来经济繁荣、就业机会和资源，为环境保护和文化保护提供资金，以及满足社区发展和进步的需要，否则这些需要就无法满足"。2018年，该组织还与两所大学联合发布了《"过度旅游"？认识和管理超越想象的城市旅游增长》研究报告，详尽分析了欧洲一些典型城市居民对过度旅游发展趋势的看法，并在此研究的基础上，提出相关战略与措施，帮助认识和管理游客在城市目的地的增长，旨在促进实现包容性和可持续城市旅游发展的目标。作为全球最大的旅游行业组织，世界旅游理事会（WTTC）同样也非常关注过度旅游现象，2017年它与麦肯锡公司（McKinsey & Company）合作，发布了题为"成功处理：管理旅游目的地的过度拥挤"的研究报告，旨在提供一个"工具包"，梳理过度拥挤现象的来龙去脉、最佳实践案例和应当考虑的策略，以帮助目的地旅游行业领导人和规划人员研究方案，解决面临的难题。这份报告强调，"无论采用何种策略，目的地都必须不断吸引所有利益相关者参与。管理过度拥挤是一个过程，而不是终点，让感兴趣的各方参与进来和采取实际行动一样重要"。

过度旅游现象的出现及其影响得到了许多国家政府和旅游部门的重视，尤其是那些该现象发生较早且问题比较突出的欧洲国家，反应则更加直接而严肃。欧洲议会率先对过度旅游现象发声，2018年10月发布了应其交通与旅游委员会要求做出的研究报告——《过度旅游：影响和可能的应对政策》，报告旨在探讨欧盟过度旅游的复杂现象。通过对一组案例的研究，报告收集了过度旅游的相关指标数据，对不同目的地的政策和管理方式的效应进行了评估。报告的结论是，由于过度旅游的成因与影响存在复杂性，难以确定一套通用的指标体系，要想避免过度旅游发生，需要旅游目的地的利益相关者和决策者联手制定相应的政策。显然，从政策研究的角度来评价，这是一份资料翔实全面、案例研究严谨、政策建议具体的研究报告，虽然研究的范围只限于欧洲，但是对世界各个国家和地区判断是否进入"过度旅

3.4 旅游学术研究关注多视角分析

过度旅游问题的出现与扩展引起了学术界的注意,早期的学术成果并非集中在旅游管理学领域,人类学、社会学、城市学和环境学领域的学者更加敏感,研究者也主要是来自欧洲国家,他们关注的不仅仅是对这一概念的限定,而且更加重视对这些现象存在原因、形成过程、造成影响和解决办法的探讨。巴塞罗那莱达大学奥斯特里亚旅游与旅馆学院的克劳迪奥·米兰诺(Claudio Milano)博士2017年发表了题为"过度旅游与旅游恐惧症:全球趋势与当地背景"的研究报告,通过对具体案例的分析,探讨与过度旅游和旅游恐惧症现象相关的核心问题。他认为过度旅游和旅游恐惧症这两个媒体经常使用的术语源于并直接与日益增长的非可持续性的大众旅游相关,这一社会不满来自旅游的压力。作者从案例城市旅游快速发展对当地居民造成的社会压力入手,研究"当地居民情感水平"(resident-philia)。该报告对案例城市过度旅游现象的不同特点进行了点评,对城市居民普遍抱怨"住房价格上涨与供应量下降"的问题进行了解析。科恩斯(Ko Koens)等人(2018)发表了题为"过度旅游使用过度了吗?解析城市环境下的旅游影响"的论文,作者通过对13个欧洲城市中80名利益相关者进行定向调查,获得了更加清晰的"过度旅游"含义,论文强调,过度旅游是一个多维度的复杂问题,它不仅仅是由旅游业和非旅游业利益相关者引起的,应该从更广泛的社会和城市发展的角度来分析。因此,作者呼吁其他学科的研究人员参与对这一主题的研究,以获得新的见解。奥夫·奥克列维克(Ove Oklevik)等人(2019)发表了《过度旅游、最优化和目的地绩效指标:挪威峡湾活动的案例研究》一文,该论文旨在探讨解决过度旅游问题的策略。作者认为,基于游客数量最大化策略会加剧游客与当地居民的冲突,采取最优化的目的地管理新方法是必要的。根据对挪威西南部国际游客的调查,论文探讨在不增加入境人数的情况下,通过开展当地、小规模且更具可持续体验的活动促进经济增长的可能性。研究认为,目的地应更好地掌握市场需求特点,这些知识可能有助于缓解过度旅游的冲突和建立更具有经济、社会和环境弹性的旅游系统。

总体来说,媒体的关注多在于过度旅游现象在世界各地的表现,尤其是在一些城市或某些节点居民的强烈反响。学术界更关注这一现象出现及其蔓延的风险,尤其是从人类学、社会学的角度探索,并非直接针对旅游业自身的发展。世界各国政府机构更加关注寻找防范和解决问题的途径,旅游业界则更加谨慎,不希望社会对旅游拥挤造成的负面影响太敏感,以免导致政府对旅游业发展制订更多的限制政策。

4 对"过度旅游"现象的认识

至少在"过度旅游"一词出现之前大约半个世纪的时间里,人们开始注意到这个颇受推崇的旅游热潮所造成的诸多影响,包括消极影响,但是当时旅游业发展处于崛起阶段,这些影响还颇为局限或者轻微,并没有引起整个世界的关注。20世纪80年代以后,"过度旅游"和相关类似词语出现,各种媒体对旅游发展导致负面影响的报道频繁增加,但"过度旅游"并没有一个社会认可的科学定义,其含义依然是模糊的、不清晰的。自2017年以来,开始出现一些颇为严谨的限定,有利于学术研究和政府决策。

拉法特·阿里2016年在《过度旅游的危害即将来临》中提出,"我们正在创造一个新的术语'过度旅游',它作为一个新的概念用于审视世界各地受欢迎的目的地的潜在危险;作为一个不断变化的旅游的推动力,如果管理不善,往往会造成不可避免的负面后果。在一些国家,这可能导致旅游业的衰退,因为从来没有建立起一个可持续发展的框架来应对旅游业的经济、环境和社会文化影响。它对当地居民的影响也不容低估"。克劳迪奥·米拉诺(2017)将"过度旅游"定义为"游客的过度增长导致某些地区过度拥挤,在那里居民们承受着临时的和季节性旅游高峰的后果,而这些高峰永久改变了他们的生活方式和对便利设施的享受以及总体幸福感"。联合国世界旅游组织在2018年提出,"过度旅游"可以定义为"旅游对目的地或其部分地区的影响,从消极方面来看,超过了公民认知的生活质量和(或)游客体验的质量"。欧洲议会的研究报告称"过度旅游"指的是在特定的时间和地点,旅游的影响超过了物质、生态、社会、经济、心理和政治能力的极限。世界旅游理事会很直接地提出，"过度拥挤是个复杂的问题，它涉及多方的利益，其中棘手的道德和价值观问题已经根深蒂固"，并根据调查研究总结出了与游客过度拥挤相关的五大问题，即与当地居民疏离，使旅游体验变差，造成基础设施超负荷，大自然遭到破坏与文化和遗产受到威胁。

很显然，以上学者和旅游机构对过度旅游现象的认识存在着很大的分歧。虽然这一现象受到全球性关切，都承认它对未来旅游发展是个不小的风险，然而如何界定这一现象及其影响，还需有更加深入的探索，寻找共识。也许一般大众媒体的关注与表述似乎比学者、政府和业界更加强烈与直接，政府或业界的表述却有明显的自身的立场。

5 "过度旅游"：影响的范围与领域

5.1 "过度旅游"影响的社会群体

一般来说，最关注过度旅游现象的往往是受影响最深的社会群体，从总体上看，大概分为三类：当地居民、可持续旅游倡导者和不断增加的旅游者。

5.1.1 当地居民的关注

从历史上看，旅游作为一个新型服务产业，在出现之初，一些国家和城市对它促进经济发展的功能期望很高，对外来旅游者充满强烈的好感和欢迎，但是，随着外来旅游者人数激增，乃至超过当地常住人口的数量时，旅游的影响发生逆转，越来越多的当地居民不仅认为没有明显感觉到旅游发展为自己带来的益处，而且更加强烈地感受到自身生活受到的压力和伤害，于是开始对不断涌入的外来旅游者产生反感，态度从欢迎转向疏远、抵触甚至逃离，这种逆转酿成一种"旅游恐惧症"。这一点在欧洲国家最为明显，其中南欧的意大利、西班牙，西欧的法国、英国以及北欧的挪威（图2）反应更突出；从城市来看，威尼斯、巴塞罗那、柏林和里斯本等最为强烈，这些城市都曾出现过当地居民游行示威、抵制旅游者等"反旅游"活动。

5.1.2 可持续旅游发展的倡导者反应强烈

从另外一个角度来探讨，过度旅游现象从一些城市或地区逐渐向更多的区域和旅游目的地蔓延，从个别孤立的案例向更大范围扩展。对此，自然和文化遗产保护的机构和人员较为敏感。因为人满为患突出地发生在一些被列为世界自然和文化遗产的保护地。自20世纪中期以来，全世界对可持续发展理念的认识逐渐深入，越来越多的环境、气候、文化遗产等国际机构更加关注可持续发展如何付诸实践并取得理想的效果。自21世纪初开始，整个世界逐渐进入大众旅游时代，旅游业的规模、格局及其多维度和多重影响都在发生急剧的变化，于是关心和致力于可持续旅游发展的官方组织和民间组织非常活跃，以实际行动抵制和反对各种非可持续旅游的蔓延，通过互联网、自媒体和传统媒体、论坛、各种商业平台等方式表述自己的诉求以扩大实际影响。

5.1.3 外出旅游者更关注自身的体验

旅游者作为旅游活动的参与者，对于过度旅游的感受虽然更直接，但不少人为了个人兴趣和满足愿望，对一些著名旅游城市和景区"人满为患"的容忍度较高，其原因之一是，长期以来，一些旅游目的地和旅游企业经常用"遗愿清单"或"一生必去之地"作为市场营销诱饵，很多游客以"打卡"方式外出旅游以实现毕生的愿望，事先对目的地人满为患的现象有心理准备，当地游客越多，自我满意度则越高；之二，大部分初次走出国门的游客，只关注"我已到过"的经历，能亲眼看一眼、留下一张有自己形象的照片便达到目的，以后不会再去，因此也不会有更多抱怨。这些人出游不是追求真正的旅游体验，只是浅尝辄止。然而，随着大众旅游的普及，旅游者的需求在不断变化，为追求个性化体验与提高自身知识和能力做深度游的人与日俱增，随着可持续旅游发展的理念越来越被社会所接受，热衷于生态旅游和可持续旅游活动的游客也越来越多，旅游者对过度旅游给自身体验和对目的地带来的负面影响越来越敏感。而且，从游客心理学的角度讲，游客已经习惯于期望目的地主人友好欢迎的笑脸，当地人报之以冷面孔和反感的态度，只能会导致他们的抱怨与愤懑之声越来越高。

5.2 "过度旅游"影响的重要方面

近年来多种研究发现，过度旅游的影响涉及很多重要方面。欧洲议会的报告将过度旅游的影响归结为环境、经济、社会文化三个大方面，其中环境的影响包括污染、基础设施、视

图2 盛夏的挪威风光　　　　　　　　　　　　　　　　　　　　　　　　　　　　　　　　　　　　　　　图片来源：摄图网

觉、饱和、破坏和过度拥挤；经济影响包括通货膨胀、经济依赖、基础设施成本、可进入性和目的地形象；社会文化的影响包括基础设施的退化、居民区域的旅游化、当地居民被边缘化、主客关系的敌意、社会安全认知下降、旅游过分商业化倾向加剧以及文化特征衰竭等。很显然，这一通过诸多案例调查分析得出来的结果具有一定代表性，当然，不同国家和地区"过度旅游"现象的程度会有所不同，但一个明显的趋势是，该现象的负面影响绝非局限于经济一个方面。

过度旅游现象影响的区域范围非常广泛。从全球的角度来分析，过度旅游现象所影响的地理范围及其程度大相径庭，因为缺乏共识，具体的地理范围难以确定。为此，可持续旅游公司2017年曾根据对世界各地网上提及过度旅游的调查汇编绘制了一个"过度旅游地图"，标出了过度旅游现象明显的63个国家和98个旅游目的地。该报告称，这个地图并没有把那些小地方包括进去，只能说是"冰山之一角"。该报告认为，过度旅游所涉及的范围现在已经超出了少数著名和知名度高的目的地范围，变成了一场全球性的、正在蔓延的危机，影响着各种规模和重要性的社区和自然区域，并预测过度旅游不再是地方性的问题，而是演绎成全球性的难题，这是多年酝酿而成的。旅游增长如果得不到控制，那么在未来的十年中，旅游业将继续高速增长（正如世界旅游组织所预测的那样）。报告警示说，"除非旅游业改变发展方向，否则它可能成为这个星球上问题最多、最不受欢迎的行业之一"。

6 "过度旅游"：问题到底出在哪里？

造成过度旅游的原因到底是什么，或者说是谁要为旅游的这一负面影响负责，这也是全球关心的问题，找不到或找不准问题的根源，要想解决问题便无从谈起。因此，这也是全球政府、业界、社会和学术界关注的焦点。

6.1 对"过度旅游"性质的认识

对过度旅游现象及其危害性的认识有一些共同点，也有很大的分歧，对这一现象达成共识需要时间。世界旅游理事会在其报告的前言中明确指出，旅游目的地过度拥挤的现象情况各异，完全不同；当前的过度拥挤，与其说是数据问题，不如说是感性问题；过度拥挤的预防比恢复更加容易。联合国世界旅游组织在其报告开场白中提出要防止4个迷思③，分别是：旅游拥堵④不仅与游客数量有关，还与管理游客的能力有关，必须厘清与过度旅游相关的三个因素——季节性差异、负面影响的程度和对旅游业相关实体设施发展的影响；旅游拥堵通常是个地方性问题，而不是整个城市的问题，其压力主要集中在城市中心区或一些热门景区景点；旅游拥堵并不是旅游业独有的问题，涉及社会的方方面面和不同的行业；技术或智能的解决办法本身很重要，但并不能解决旅游拥堵问题。有关"过度旅游迷思"的说法，科恩斯等人（2018）在其《过度旅游使用过度了吗？解析城市环境下的旅游影响》一文中做出了更加详细的论述，该文章列举的"过度旅游迷思"有七个，分别是：过度旅游并非最近才出现的现象；过度旅游并不等同于大众旅游；过度旅游的影响不是全市范围的；过度旅游不只是旅游的问题；仅靠技术或智能解决方案无法解决过度旅游问题；对于过度旅游来说，没有一个放之四海而皆准的解决方案；过度旅游不仅是城市的一个问题。很显然，这两组"迷思"有几点是相同的，联合国世界旅游组织所强调的是要"断然拒绝迷思"，而后者作为学术研究者，更加强调"过度旅游"不应该只被视为一个旅游或

图3 巴西里约热内卢科帕卡巴纳海岸

图片来源：摄图网

城市的问题，而是在一个城市背景下的社会问题。

6.2 谁应当为过度旅游负责任是问题的关键

可持续旅游公司在其一份报告中直白地说："我们都要为过度旅游负责。"原因很简单，"我们都需要拥有它（旅游）"。这个报告用实例阐述了"人人有责"的事实，其根据包括，"旅游是个易于占别人便宜的行业"，但免费享用的东西总要有人埋单；邮轮业快速发展，旅游目的地与旅游部门总会给出"一百个理由"让人们去参与，尽管他们知道那里已经拥挤不堪，邮轮公司被允许使用污染最为严重而价格最便宜的船用燃油；目的地加大营销和限制营销的决策确实复杂，关键是营销的资金来自何方，其背后又有政治诉求；在政府层面，衡量旅游成功与否还是偏于游客数量和上座率，对数字背后的问题关注不多；《芝加哥公约》规定全球航空业航空燃油免税，这被视为对支持廉价航班繁荣的补贴，有些政府甚至为了吸引游客而引进的航班付费；公务/商务旅行是不少国家的大生意，但这些高盈利的市场又往往令本就是过度旅游热点的城市雪上加霜；一些旅游媒体往往是报喜不报忧，因广告利润丰厚，非常有诱惑力，媒体总是非常愿意为那些被称作最佳海滨、最美景点的地方多写点东西，不愿使用人满为患的海滩照片把人吓走（图3）；最后，但并非不重要的是那些"遗愿名单"，在当今世界有不少人对"遗愿名单"过度痴迷。相类似的还有明星狂热病，还有一些学校，每逢假期就鼓励家长们花大钱让孩子参加过分拥挤、大肆吹嘘的游学旅游团……诚然，这些说法不无道理，一些研究还认为，政府要为这些不良现象负责，它们是决策者，这也是合乎逻辑的。至于方法和路径，鉴于过度旅游的复杂性，最为重要的是要弄清不同地方的实际情况，只有找到问题产生的原因对症下药才会有效。

6.3 探讨造成过度旅游的宏观环境很重要

现有的研究在宏观层面上发现了几个突出的原因，其中包括：自20世纪中期以来，全球经济发展与和平环境有了新的提升，居民消费水平普遍有了新的提高，而旅行便利度与普通大众支付能力的增强成为旅游消费需求的助推器和重要诱因；存在全球城市化的速度加快，城市人口激增，居民活动空间不足以及其他城市病等诸多压力。

大众旅游进入高潮期，各种旅游需求在不断膨胀，尤其是现代新兴旅游市场的需求特点与旅行方式，使得很多传统的旅游目的地不能很好地适应；世界各国对旅游发展普遍采取"助推式"营销方式，以旅游人次数的增长论输赢，在全球经济不景气的环境下，对旅游促进经济恢复和增长的期望值过高；共享经济平台与低价航空以及其他超大流量游客瞬息集中冲击了旅游供给格局；人类对可持续发展的必要性有了更加深刻的认识，责任感大大提高，从而对大众旅游所造成的负面影响，如环境污染、历史文化遗产破坏和社会文化冲击等，更加敏感。对过度旅游成因各种各样的分析与判断，与分析者各自的立场与分析的角度相关。然而，似乎有一个比较集中的观点是，从旅游发展的角度来看，过度旅游现象的出现与蔓延，直接与旅游政策和管理水平相关，进而，又和政府的政策分不开。"最好的和最差的旅游业都是以政府为中心造成的"，换言之，政府应当对过度旅游的负面影响负最大的责任。

7 减缓与预防"过度旅游"，出路在何方？

尽管现在对过度旅游负面影响的认识还存在这争议，但这一现象已经引起了极大的关注，一些身陷过度旅游影响的国家都开始认真研究和对待，有的已经采取了积极的措施扭转局面，一些国际旅游组织、研究机构和民间组织在案例研究的基础上纷纷献计献策，从可持续发展的角度开出了药方，这显然是个良好的势头。

联合国世界旅游组织为应对城市游客增长提出11大战略、68项具体措施和12项政策建议，其中最受被调查居民认可的措施包括改善城市的基础设施和服务设施，在旅游规划过程中增加与当地居民和当地企业的沟通，请他们参与，针对游客在旅游城市的行为举止进行更好的交流，按照时间差异更好地疏导访客，通过增加居民和游客的接触创造良好的城市体验等。世界旅游理事会根据自己的研究，提出了5项应对措施，分别是：随着时间变化使游客流量更加合理，在不同节点疏散游客，调整价格以平衡需求，调整住宿设施供给数量，限制游客数量及其相关活动。很显然，这些措施多集中在旅游营销的具体做法上。欧洲议会的报告针对国家旅游管理机构（NTO）和目的地营销机构（DMO）应对过度旅游问题提出了18项121条政策建议，旨在鼓励和帮助这些机构在疏导游客、制定规则和改善经营环境方面与企业一起改善主客关系和协调相关利益，协调各欧洲国家的政策性措施，从而防止和缓解日益扩大的过度旅游影响。虽然这些对策主要是针对欧洲国家的具体情况提出来的，但涉及发展非过度依赖旅游业的多样化经济和协调目的地，包括当地居民、外来游客在内的所有利益相关者的利益，依据欧洲"可持续发展阶梯"去组织和规划目的地旅游发展等重大而长远的政策，这对其他地方也具有重要的借鉴意义。

民间组织提出的应对过度旅游的方案与政府有很大的差异，可持续旅游公司认为，关键的问题在于旅游业界和旅游目的地依然不惜一切代价追求不断增长的游客数量，却对过度旅游视而不见，因此，"问题不在于缺乏解决这个问题的方法，而在于不愿意接受或承诺解决这一问题"。这家公司提出的解决方案最突出之处是坚持发展可持续旅游原则，使用经济、社会和环境这三重底线做可持续性测量，进而采取相应的对策。

其实，在最近一些年中，一些国家和城市政府已经根据自己面对的问题采取果断措施，控制过度旅游现象泛滥，除了优化营销策略、选择高端市场和疏导游客之外，还制定了一些专门政策，例如征收出入境税费（如日本、新西兰等），增加进城费或过夜税（如巴黎、巴塞罗那、柏林、罗马、荷兰、马尔代夫、迪拜、缅甸等），关闭一些岛屿或其他游览区（如菲律宾、泰国等），以及提高景区门票价格、限制游客数量等。

8 中国能否独善其身？

总体来看，虽然过度旅游获得了全球关注，然而，不同国家和地区的关注程度大相径庭，关注点千差万别，而且政府、业界、学术界与社会公众的态度也各不相同，这自然与不同国家和地区的经济发展条件不同、旅游业发展阶段不同以及相关影响程度不同有关。本研究没有单独对不同国家的具体情况进行探讨，但注意到现在有一些国家和地区已经被确定为重要研究案例。从现在的情况看，对自21世纪以来旅游得到迅速发展的中国来说，过度旅游并未成为突出问题。虽然国内一些大众媒体对世界其他国家和地区过度旅游的问题有所报导，对国内过分拥挤、人满为患的现象也有所披露和针砭，但政府旅游管理部门和旅游业界却很少提及，学术界深入的研究也不多见。然而，这并不意味着中国可以独善其身，过度旅游问题在中国不仅存在，甚至在一些具体时段和城市，尤其是一些特定的景区景点，不能说不严重，其负面影响令人担忧。很显然，在全国旅游大发展高潮迭起的情况下，存在一种倾向掩盖着另外一种倾向的风险，这应当引起政府和学术界的充分注意，防患于未然。

简单地说，目前有这样一些政策效应值得关注与研究：普通百姓自由选择旅游休闲活动的时间和空间依然狭窄，带薪假期制度落实缓慢，假期及长假期造成的全国性旅游运动"黄金粥"现象难以避免；政府相关部门热衷于旅游人次数增长，且以游客人次数和消费额增长论英雄的倾向普遍存在，一些基础设施和服务设施负担沉重但仍以"创新高"为目标；尽管国家有关部门对景区承载力做出了核定，但在门票经济的驱使下，难以严格按核定承载力控制客流量，面对这样的形势，真正敢于主动做逆营销的旅游目的地凤毛麟角；一些著名自然和文化遗产地因游客过多或过于集中受到破坏或存在被破坏的潜在危机没有引起充分注意，缺乏行之有效的解决方案，过分商业化和旅游化的运营方式对当地传统文化和社区生活造成的干扰缺乏有效遏制；近些年来中国公民出境游人数激增的现象突出，特殊的旅游方式（低价团）、特殊的旅游消费行为（"买买买"）、特殊旅行目的（购房、赌博、移民、生子）和一些不良的行为举止，已经成为一些旅游目的地出现过度旅游的原因，引起当地社会的不满，中国游客在一些地方受到抵制，反对等不欢迎的呼声此起彼伏。

正如世界经济论坛在《2009年世界旅游竞争力报告》中提出的警示所言，全世界"旅游业处于一个拐点"，必须在追求旅游业短期无限制的增长还是努力遵循可持续发展的道路以赢得长期持久的健康发展中做出明智的选择。毫无疑问，面对这个拐点，中国也必须做出果断的选择。

9 结语：一盘刚刚摆好的局

尽管人们对过度旅游这个词语还有点陌生，但旅游拥挤、人满为患的现象造成的负面影响是众所周知的，也许当下这种被称作过度旅游的现象并未在全球蔓延，造成负面影响的程度尚可容忍。然而，今天的情况有了新的变化，其严重性和普遍性已经非常突出，这不仅表现为人满为患的表面现象，也不仅表现为个别城市当地居民强烈而过激的反抗行动，更在于如何认真地去对待和处理。很显然，政府与行业的旅游管理水平是很重要的，但更为重要的是对可持续旅游发展的理念与原则的理解与坚持，以及如何坚持可持续发展三大底线（经济、社会与环境影响）。很显然，当代旅游的发展绝非仅仅是个经济问题，更不仅仅是一个国家的发展战略问题，应当从全球的角度寻找答案和方案。因此说，今天，过度旅游现象已被全球关注，这恰似一个刚刚摆好的局，如何赢这个局，需要更好地思考、谋划、决策和行动，任重而道远，需要世界共同坚持、不懈努力。

注　释

① 《马尼拉世界旅游宣言》（Manila Declaration on World Tourism），于1980年7月27日至10月10日世界旅游组织在菲律宾首都马尼拉举行的世界旅游大会上通过。

② 见1993年6月的英国《金融时报》（Financial Times），原文标题是"A Social Evil Called Tourism"。

③ 英文的词语是myths，中文译作"神话"或"误区""谬见"等，有流传已久、尽人皆知，但未必是正确或真实的说法之意。

④ 文章中使用的是 tourism congestion，并非overtourism，语义上略有差异。

参考文献

KOENS K, POSTMA A, PAPP B, 2018. Is overtourism overused? Understanding the impact of tourism in a city context [J]. Sustainability, 10 (12): 4384.

MILANO C, 2017. Overtourism and tourismphobia: global trends and local contexts [R]. https://www.researchgate.net/publication/323174488_Overtourism_and_Tourismphobia_Global_trends_and_local_contexts.

OKLEVIK O, GSSLING S, HALL C M et al., 2019. Overtourism, optimisation, and destination performance indicators: a case study of activities in Fjord Norway [J]. Journal of sustainable tourism, 27 (12): 1804–1824.

World Tourism Organization (UNWTO), Centre of Expertise Leisure, Tourism & Hospitality, et al., 2018. 'Overtourism'? Understanding and managing urban tourism growth beyond perceptions [R].

基于可持续发展原则寻求过度旅游解决方案
Avoiding Overtourism: A Solution Based on Sustainable Development Principles

文 / 胡方丽 樊佳依 沈 涵

【摘 要】

随着科技和生活水平的提高，世界旅游业进入了前所未有的增长阶段，极大地推动了城市经济的发展和繁荣。与此同时，旅游的外部性也日益凸显，过度旅游逐渐成为一个全球性问题，甚至引起环境恶化和社会危机。本文通过对国内外过度旅游经典案例进行简要梳理和分析，并对目前已有的应对措施进行升华和分类，为过度旅游提出一些相关的解决方案，旨在帮助游客、目的地和居民都能以一种负责任的方式促进旅游业可持续发展。

【关键词】

过度旅游；可持续旅游；解决方案

【作者简介】

胡方丽　复旦大学旅游学系硕士研究生
樊佳依　复旦大学旅游学系硕士研究生
沈　涵　复旦大学旅游学系教授

1 引言

过去几年来，日益廉价的机票、开放的签证政策、便捷的交通方式、繁荣的经济和蓬勃发展的技术使旅游逐渐大众化，越来越多的人选择在旅行中看世界。联合国世界旅游组织（UNWTO）发布的数据显示，自从 2008 年的世界经济危机结束至今，国际游客数量已经连续 8 年增长。1950 年世界国际游客数量是 2 500 万人次，1980 年达到 2.78 亿人次，2000 年达到 6.74 亿人次，直至 2018 年已增至 14 亿人次（图1），同比增长率更是达到了 6%，提前两年实现了 UNWTO "2020 年国际游客数量将达到 14 亿人次" 的预言。2017 年全球旅游收入占 GDP 总量的 6.7%，马可·马丁（Marco Martins）（2018）认为这一庞大的游客群体数量为世界各旅游目的地提供了大量的就业和发展机会，使旅游业成为经济发展的主要产业之一。世界各地加入了大力发展旅游业的热潮，但渐渐地，数量快速增长的游客让许多旅游目的地不堪重负，破坏了当地环境和社会的可持续发展，给它们带来了严峻的考验。2017 年以来，世界各地尤其是欧洲的许多旅游目的地，包括巴塞罗那（图2）、威尼斯、杜布罗夫克、阿姆斯特丹等地区，开始爆发反旅游运动，甚至将旅游者视为"恐怖分子"，阻止他们进入，这就是塞拉芬（Séraphin）等（2018）提出的 trexit（tourist exit，旅游排斥）。总之，过度旅游已成为一个不可忽视的问题。

随着 2016 年 1 月 1 日联合国正式启动《2030 年可持续发展议程》，国际社会加强了对可持续旅游的关注，将旅游目的地自然和人文环境受到破坏、基础设施不堪重负、当地居民归属感降低和旅游者体验欠佳等过度旅游问题视作值得严肃对待和思考的研究主题。旅游业不仅仅是一种商业，它还包括物质、社会、文化和政治等方面。这些是底线，应该得到尊重。旅游利益相关者和研究人员应该想办法使目的地成为更好的供人居住或游览的地方（Singh，2018）。

目前国际社会尤其是中国对过度旅游研究的文章较少，其中媒体

图1　2011-2018年国际游客数量及其同比增长率　　　　数据来源：联合国世界旅游组织

图2　巴塞罗那的一处墙上涂鸦"游客滚回家！"　　　　图片来源：Claudio Milano

报道居多，已有的文章大都集中于分析过度旅游的形成原因、危害、后果和部分潜在应对措施，或者从居民、品牌等角度理解过度旅游，以案例研究为主。本文基于可持续发展原则，通过对国内外过度旅游目的地案例进行梳理，结合已有的媒体报道、研究文献、国际旅游趋势，提炼目前国际社会主要采取的解决方案，通过研究分析加以补充，提出四类更全面有效的应对措施，旨在为解决过度旅游问题提供借鉴，促进可持续旅游发展。

2 过度旅游的定义

首次尝试定义"过度旅游"是在2016年8月。SKIFT（旅游行业热点新闻网）的首席执行官兼创始人拉法特·阿里（Rafat Ali）为一篇关于冰岛旅游业影响的文章撰写了前言，题为"过度旅游的危害即将来临"（The Coming Perils of Overtourism）。在这篇文章中，阿里写道，"过度旅游对全球热门目的地构成了潜在的威胁，因为推动旅游业的动力如果管理不善，往往会造成不可避免的负面后果"，但过度旅游这个问题在当时并未受到各界的广泛重视。

2017年欧洲各地逐渐开始出现旅游恐慌、旅游恐惧症（tourism-phobia）和反对旅游的抗议活动，过度旅游受到业界关注，随后出现了各种各样的定义。负责任旅游联盟（Responsible Tourism Partnership，简称RTP）认为过度旅游是指旅游目的地的居民和游客感觉到由于游客太多而导致当地生活质量和旅游体验变得不可接受。布雷达应用科学大学旅游与酒店系将过度旅游定义为旅游以一种消极的方式过度影响旅游目的地及部分地区的居民生活质量和旅游体验质量。英国布赖顿大学旅游与国际发展中心教授玛丽娜·诺维利（Marina Novelli）表示，过度旅游是指过度增长的旅客导致当地过度拥挤，影响到了当地居民的生活舒适度和幸福指数，当地居民的生活方式遭到破坏。还有人认为过度旅游是指游客增长过多导致的城市拥挤，季节性旅游高峰给当地居民带来的困扰，以及这一切给居民生活方式带来的永久性改变、对基础设施和生活安宁幸福造成的伤害。

过度旅游的概念不同于大众旅游或者旅游拥挤，作为2018年的热词之一，它甚至入选了《牛津词典》2018年年度词汇候选名单。与之相近的还有曼努埃尔·德尔加多十多年前首次提出的"旅游恐惧症"，该词主要用来描述拒绝、不信任和蔑视游客的复杂心理。在对过度旅游下定义之前明确过度旅游的主要原因和现象是很有必要的。

（1）旅行成本降低。航空公司的崛起、轨道交通的扩张、运输规模的增长降低了出行的交通费用。各大旅行社、平台和目的地为了抢夺客源推出廉价旅游。旅行成本的降低让人们对旅行的接受度大大提升。有些廉价航空的特别时段航班往往比火车还便宜，低价机票促使人们走出生活圈，去那些著名的目的地。

（2）共享经济不断成熟。Airbnb和Booking.com等门户网站使得出行者更容易找到价格理想的住宿环境，让更多的人可以旅行。因为这类平台的门槛较低，许多居民发现商机，将自己的空房子或房间出租，这也迎合了游客"想像当地人一样生活"的当代旅行理念。然而旅游发展的同时也带来了社区环境破坏、生活方式受影响等弊端，造成了一些主客矛盾；且服务于游客的酒店、设施或零售的过度扩张破坏了原有的经济平衡。

（3）公地悲剧。公共领域是免费且无条件开放的，目的地许多吸引游客的历史建筑或著名广场往往承受着巨大的游客量，人们对公共空间的使用往往是没有节制的，看似每个人都有责任却无法将责任固定到个人，最终公共资源被过度使用，并且过度使用造成的维护和维修费最终只能由当地纳税人承担，加重了目的地的环境和社会负担。

（4）旅游的季节性。受假期安排和气候的影响，游客比较容易在公共假期和目的地景色最美的时候集中出行，造成目的地游客数量激增、应对能力跟不上的情形，从而产生拥挤、堵塞以及环境污染，对居民和游客都有影响。

（5）目的地营销战略有误。在旅游带动经济的诱惑之下，不少目的地的营销面向大众游客，为自己打造大众旅游目的地形象，以获取最大数量的游客为营销目标。大规模的游客团体使当地旅游相关行业运营成本更低，收入更有保障。

因此，综合学者的定义和我们的研究，本文对过度旅游的理解为：旅游业发展形势超过了目的地的承载力，对目的地生活方式、传统文化和环境产生的不利影响，并且该不利影响超过了旅游为目的地带来的有利影响。

图3 意大利威尼斯一景　　　　　　　　　　　　　　　　　　　　　　　　　　　　　图片来源：Ruth Archer 摄，引自 Pixabay

3 过度旅游的危害

各地将旅游作为发展的推手，而当旅游发展过度时则成为蚕食目的地的隐患，大量的游客同目的地居民争抢有限的资源，旅游经济的盛行使得产业比重发生偏移，大街小巷都在叫卖相似的旅游纪念品，当地居民纷纷开起民宿，当游客走出旅游圈，走进居民的生活，想要体验当地的文化的同时，也是在对当地居民的生活造成困扰。拥挤的交通、嘈杂的环境、品质降低的旅游体验等都是过度旅游带来的危害。

3.1 影响居民生活

旅游业是一个极大促进消费的行业，旅游为目的地的餐饮、酒店和娱乐行业输送大量的客源，游客在目的地的短暂停留会进行数额不小的消费，这在拉动当地经济的同时也会造成物价上涨。相应地，在城市旅游中，游客和居民的界线并不明显，当居民和游客混合在一起时，陌生游客进入自己的生活圈，居民的日常生活必然受到嘈杂的旅游环境影响。最受到关注的便是医疗和交通这类基础设施和公共资源，例如在高峰期每日游客数量（60 000人）甚至超过本地居民（54 000人）的威尼斯（图3），如果游客得到同当地居民一样的待遇，当地居民的利益就会受到侵占，这是欧洲许多国家发生旅游抗议行为的主要原因。

3.2 造成环境破坏

旅游目的地不论是城市还是自然景观，承载力都是有限的。当旅游应对能力跟不上旅游发展速度时，大量的垃圾、滞留的游客、拥堵的交通等淤塞的问题就会出现。被誉为"魔幻之岛"的巴厘岛，每天都有700多名清洁工、35辆大卡车运送垃圾，每天从巴厘岛运走的垃圾多达100余吨，然而这些只是冰山一角。这样的恶劣形势如何能够保证环境的友好可持续发展？没有好的环境又如何吸引游客来观光？长此以往，当地的旅游发展定会一蹶不振，而旅游发展又是城市发展非常重要的途径。因此，这种对生态的破坏也是对城市发展的根源性破坏。

3.3 降低旅游品质

2017年，冰岛迎接了超过200万来自世界各地的游客。仅有34万人口的目的地，厕所、停车场、路标都不足以满足游客需求，旅行基础设施对旅游感知的影响是巨大的，在冰岛的游客，欣赏到了美丽的自然景观，但缺少了舒适的基础设施配套。而在中国的黄金周，游客在景区摩肩接踵是常态，无法达到通过旅游放松身心、享受生活的初始目的，无法享受高品质的旅游。

4 解决措施及案例分析

近年来，根据国外媒体的报道，过度旅游问题已经引起各国政府的广泛重视，各个热门旅游目的地纷纷采取措施应对过度旅游，积极寻求相应的破局方案，谋求旅游平衡稳定发展。本文将各个目的地采取的主要措施大致分为四类，并辅以相应的案例进行阐释。

4.1 提高价格

在人们的购买力和可支配收入都在上涨的时代，价格仍旧是影响需求的一个重要因素。大众旅游情境下，许多游客可能还是价格导向型，如果目的地的价格提升，甚至不再符合自己的预算，游客便有可能改变出行计划。

许多热门旅游目的地便通过提高旅游价格的方式来减少过度旅游的负面影响，包括对旅行社、酒店、共享住宿和邮轮等进行征税，使得游客的访问价格变得昂贵，从而减少游客的访问量。例如巴塞罗那为了缓解暴涨的游客量，将对旅行社征税，使游客的参观费用变得昂贵；阿姆斯特丹通过提高旅游税来对城市里过于集中的背包客进行分流，还向Airbnb的房东收取额外的旅游税，提高房间价格，解决因大量游客租赁而使当地房价抬升、当地居民住房困难的问题；冰岛则向游客收取入境费用，用于投资建设基础设施和提高酒店的旅游接待能力，结束自由进入冰岛的时代；意大利著名旅游目的地威尼斯则计划向游客收取2.5~10欧元不等的"上岸税"，遏制过度旅游现象，改善当地的环境。

4.2 压缩旅游业

随着大量游客涌入，许多旅游目的地的自然环境和社会环境受到了极大的破坏，当地基础设施不堪重负。为了降低旅游业带来的负面影响，它们不得不采取措施限制或者禁止一部分旅游业务开展。

例如，西藏日喀则市定日县珠峰管理局发布公告称，将禁止任何单位和个人进入珠穆朗玛峰国家级自然保护区绒布寺以上核心区域旅游。由于游客和登山团队留下大量垃圾和排泄物，严重破坏了珠峰的生态环境，因此管理局决定对珠峰保护区（图4）实施有条件开放，禁止非法违规的登山活动。

为了避免超负荷的游客到访对当地自然资源和生态环境造成不可扭转的破坏，泰国政府宣布无限期关闭美丽的南部达差岛。这个小岛一次可容纳70余人，但每天却有超过1 000名游客到访。小岛虽深受游客和潜水爱好者欢迎，但同时过量的游客来访也超过了它的承载力。同样，深受过度旅游危害的泰国小皮皮岛的玛雅海湾为了保护当地的海洋环境，也在2018年6月宣布关闭4个月，之后又宣布无限期延长关闭时间。菲律宾也在2018年4月宣布由于环境污染严重，以海水清澈著称的长滩岛将对游客关闭6个月；巴利阿里群岛也不得不关闭一些海滩，宣布未来几年将减少酒店的数量并且限制用水用电，还出台一条法律——若发现有无照对游客提供住宿的行为，将处以2万至4万欧元不等的罚款。

巴塞罗那成立了包括居民、企业、工会和政府在内的旅游委员会，严厉打击无证租赁行为，要求度假租赁网站Airbnb和Homeaway上的住房必须有许可证，否则将对其罚款60万欧元，还禁止在旅游业过度发展的中心区从事与旅游住宿有关的行业，包括开设旅馆、旅游公寓和酒店等；荷兰首都阿姆斯特丹则采取了更多的措施，包括限制新酒店建造，禁止"beer bikes"（一种自行车造型的可移动微型酒吧），将邮轮停泊港口移出城市中心从而转移邮轮路线，禁止城市历史最悠久的地区开设只面向游客开放的商店，禁止短期租赁；为了保护当地的世界文化遗产，意大利政府颁布了一条禁令，严格禁止威尼斯建造新酒店或翻新扩建酒店；

图4 珠峰大本营　　　　　　　　　　　　　　　　　图片来源：摄图网

现实版"中土世界"的新西兰将对野营的车辆进行严格的限制，皇后镇还将限制Airbnb出租住房，甚至考虑关闭夜间Wi-Fi来减少游客。

4.3 推广智慧旅游

旅游的快速发展为各城市带来了一些外部效应，留下了许多后遗症。各国政府为了缓解负面影响采取了大量的措施，也包括利用日益提高的智能技术和大数据来实现高效的管理，通过多种途径协调游客在城市中的行为和移动。例如澳大利亚塔斯马尼亚州等地尝试为游客提供免费的智能手机，方便定位他们的行踪从而让相关的旅游经营部门能够及时采取更加合适的行动；阿姆斯特丹专门开发了一个手机APP，让游客可以随时查看城市内部热门景点的排队时间；意大利则通过手机APP更新实时路况，方便游客避免过度拥挤，对游客进行分流。智慧旅游的推广也会使游客的出行更加便捷高效，游客可以避开拥挤的人群和热门时段，有效解决过度旅游带来的拥挤问题。在新时代，合理运用大数据进行目的地全面规划已经成为一个被广泛尝试的方法，交通、气象、旅游等各部门的数据整合在一起时，政府可以进行更为严密的监控，根据游客人流和出行规律科学地制定旅游发展方案。

4.4 限制游客

近年来，如何应对过度旅游的问题被提上议事日程，各地的反旅游抗议活动越来越多，游客还是不断入侵各个旅游目的地，破坏了当地的可持续发展。部分城市开始采取严格的措施控制游客数量，包括限制游客到访数量、游览时间、游览地点和游览方式，企图把游客数量控制在一个合理的范围内。

被誉为"天空之城""失落之城"的印加文化遗址马丘比丘古城近些年来由于游客的大量访问间接受到破坏，因此当地政府实施限流政策，每天仅允许2 500名游客来访，需要在政府官网上提前购买门票，并提供护照号码；世界文化遗产五渔村由于湛蓝而清澈的地中海和风景宜人的渔村而受到游客的青睐，为了它能可持续发展，意大利政府计划大幅度限制当地的游客数量，甚至规定2016年仅接待游客150万人次；希腊圣托里尼岛为了保护当地自然资源和环境并保证最优化的服务质量，规定每天游船乘客上岸的数量不能超过8 000人，在旅游高峰时不能超过10 000人；泰国重点保育的原始小岛斯米兰岛是著名的潜水天堂，因为人满为患，政府不得不每年只开放半年的时间，且每天限流3 000人；世界自然遗产澳大利亚豪勋爵群岛（Lord Howe Island Group）位于布里斯班和悉尼之间的海岸线上，因有大量的珍稀物种和独特壮观的地势闻名遐迩，整个小岛仅有350个居民，游客数量被限制在400人左右，最高峰时也不超过800人；靠近北极圈的冰岛为了控制暴增的游客数量，提出了一项立法，规定当地居民在Airbnb上向游客出租房屋的天数每年不得超过90天；厄瓜多尔的加拉帕戈斯群岛在多年前就因蜂拥而至的游客对生态环境的破坏被联合国教科文组织列入危险名单，当地政府限制每年游客数量为10万人，还规定到访的邮轮乘客停留时间不得超过14晚15天；克罗地亚城市杜布罗夫尼克的亚得里亚海度假胜地自从被选中作为《权力的游戏》系列取景地之后，受到游客的热烈欢迎，政府规定访问城市中世纪城墙的游客限制在每天4 000人，每天只允许少批次游客进入，还尝试分散邮轮的旅行时间；加利福尼亚州的州立公园则要求所有露营者在到访之前,必须事先在官网预订。

5 讨论与建议

目前各地都积极尝试寻求相应的破局方案,许多建议都从居民对旅游的恐慌的抗议切入,着重阐述当地政府如何控制游客的进入数量,抑制旅游业的发展速度。纵观各种措施,我们可以发现庞大的游客数量被当作主要问题来应对,这些行为虽然短期内有效,能够起到立竿见影的效果,但治标不治本,无法达到理想的目标。

过度旅游的根源仅仅是游客数量吗?从我们对过度旅游的定义就可以发现并不是这样的。游客数量仅仅是过度旅游的一个表象,目的地承载能力从更深层次可以扩展到城市的旅游品牌、目的地旅游运载能力、旅游产品的布局、城市总体规划等许多方面。在旅游生态链中,游客、目的地和居民三者之间相互影响、相互作用,可持续旅游的发展更是离不开这三方的共同努力。接下来本文将综合它们在旅游发展中的作用,提出更全面的建议。

5.1 刺激新的游客行程和景点

为了缓解热门景点的超负荷运行,旅游目的地可以开发新的景点或行程,转移客流。通过开展一些文化艺术活动将城市各个角落都变成可以参观游览的地方,可以利用快闪店打造网红打卡地,通过社交媒体的推广,创造新的吸引点,从而缓解热门景点的拥挤情况,并且可以增强城市的吸引力;当地还可以提供一些景点的组合折扣,利用热门景点带动冷门景点,激发游客的游览欲望,针对冷门景点更是应该重新规划,加强其文化性和娱乐性;可以整理一些强调城市隐藏空间的指南或书籍,引导游客探究城市的其他角落;可以为一些小众的游客提供动态的旅游体验和路线,打造利基市场;可以利用先进的技术为一些热门景点开发VR应用,从而实现在线旅游;可以借鉴city walk、微旅游这样的新旅游形式,串联小众景点,引导游客深度发掘城市魅力。

5.2 优化营销方式

在营销方面,许多热门旅游目的地的品牌营销目的是尽可能获取最大数量的游客(Séraphin et al., 2017),这种策略对发展初期打响旅游目的地知名度、吸引游客起着非常关键的作用。但随着旅游目的地逐渐成熟,这种策略反而会弄巧成拙。因此,旅游目的地可以改变营销策略,进行游客细分和准确定位,关注小众市场,聚焦它们想要为潜在游客提供的某种类型的体验,以某一种特殊内容来标识旅游目的地,例如音乐、潜水等。在品牌推广的环节,有过度旅游担忧的目的地也需要改变其品牌形象,改变尽可能多地吸引游客这一宗旨,重新给品牌定位,主要吸引某一类游客,或者改变平价旅游目的地的形象,渐渐发展高端的品位游。

5.3 加强游客教育

从目的地的角度来看,旅游目的地必须对游客进行宣传和教育,通过标语、广告等形式,更真实地展现自己的产品和服务,要让游客清楚在当地可以被接受的旅行方式、注意事项和旅行真正的内涵所在。而游客本身也应该加强学习,杜绝不文明的旅游习惯,尊重当地的文化传统,与当地居民友好相处,保护当地生态环境和文化资源,避免不必要的文化冲突。这样的旅游教育不仅仅要在目的地开展,提升国民素质、推广可持续发展的理念也应当日常化、生活化,让旅游意识深入人心。

5.4 发挥各方作用

正如本文所说,过度旅游问题的产生不仅是因为游客数量暴增,而是往往由许多因素综合导致。政府治理的低效、企业和组织的无作为、当地居民的消极抵抗等都是导致过度旅游的主要原因,并且旅游业是综合性的产业,它的发展涉及社会许多部门,包括食、住、行、游、购、娱等各个行业,牵一发而动全身。因此,有效应对过度旅游现象,发展负责任的旅游需要政府、居民、游客、旅游企业和组织、相关部门和产业等各方利益相关者共同努力,特别是政府要起到总揽全局的作用,在政策和引导力上责无旁贷,积极调动社会资源改变困局,协调各方利益;居民则应当成为游客和目的地的桥梁和纽带,积极地寻求过度旅游解决方法,其生活受到的影响才能早日消除;游客所追求的旅游体验,旅游企业和组织想要的稳定发展都需要各方齐心协力,从自身出发,发挥团体的力量寻求破局之道。

5.5 制定负责任的可持续旅游计划

每个旅游目的地都需要结合自身实际情况制定属于自己的针对过度旅游的解决方案，没有万能钥匙。因此，旅游目的地需要根据自身外部环境和内部资源条件综合制定一个适合自己的、负责任的可持续旅游计划，发挥所有利益相关者的力量去一步一步地实现这个计划。一个科学合理、目标清晰的可持续旅游计划可以为目的地应对过度旅游提供良好的指导。各旅游目的地在严格按照计划行动的同时也需要根据实际情况进行灵活调整，不墨守成规，不断为其注入新的活力。此外，还需对计划的执行进行有效全面的监督，在反馈中不断进步，以一种负责任和可持续的方式管理旅游业。

6 结语

旅游业是一把双刃剑，能够推动经济发展，增加就业机会，促进资源的保护和开发。但同时，若过度发展旅游业则会给目的地带来巨大的灾难，严重威胁当地的生态环境和居民生活。特别是我国，"黄金周"已变为名副其实的"黄金粥"，长假期间的旅游拥挤乱象几乎已成为中国特色，许多旅游目的地更是出现了"宰客""欺客"的现象，这些都与过度旅游有着千丝万缕的关系。因此可持续旅游计划已迫在眉睫，发展负责任的可持续旅游有利于当地社会发展。各旅游目的地应该根据自身情况，因地制宜制定合适的旅游发展计划，莫让过度旅游煞风景！

参考文献

ANTONIO A S, 2018. The problems of tourist sustainability in cultural cities: socio-political perceptions and interests management [J]. Sustainability, 10 (2): 503.

BURGEN S, 2018. Tourist go home, refugees welcome: Barcelona chose migrants over visitors [EB/OL]. https://www.theguardian.com/cities/2018/jun/25/tourists-go home refugees-welcome-why-barcelona-chose-migrants-over-visitors.

MARTINS M, 2018. Tourism planning and tourismphobia: an analysis of the strategic tourism plan of Barcelona 2010-2015 [J]. Journal of tourism, heritage & services marketing, 4 (1): 3-7.

SÉRAPHIN H, SHEERAN P, PILATO M, 2018. Over-tourism and the fall of Venice as a destination [J]. Journal of destination marketing & management (9): 374-376.

SINGH T, 2018. Is over-tourism the downside of mass tourism? [J]. Tourism recreation research, 43 (4): 15-416.

SÉRAPHIN H, PILATO M, PLATANIA M, 2017. The place of heritage and identity in the marketing strategy of destinations: a worldwide approach based on DMO slogans [C]. Conference paper presentation at the 6th international conference on tourism – CACTUS, Predeal.

SÉRAPHIN H, ZAMANB M, OLVERC S, et al., 2019. Destination branding and overtourism [J]. Journal of hospitality and tourism management (38): 1-4.

UNWTO, 2018. 'Overtourism'? Understanding and managing urban tourism growth beyond perceptions executive summary [R/OL]. http://www.e-unwto.org/doi/book/10.18111/9789284420070.

吉林万科松花湖滑雪场

过度旅游的游客行为与社区态度
Tourist Behavior and Community Attitude in Overtourism

陈宗诚 马 航 周沁柔　如何以青年旅客的视角缓解过度旅游：比较深圳和香港大学生
　　　　　　　　　　　对粤港澳大湾区城市形象的观感

陈 虎 岳忻蕾 王颖超 刘乂铭　滑雪者在拥挤感知下的调适行为研究：以感知风险为中介变量

杨劲松　历史街区旅游发展中的弱势群体态度分析和应对建议

图片来源：由万科松花湖滑雪场提供

如何以青年旅客的视角缓解过度旅游：比较深圳和香港大学生对粤港澳大湾区城市形象的观感

Mitigating Overtourism: A Comparison Study of the Perceived City Image of Greater Bay Area by College Students from Shenzhen and Hong Kong

文 / 陈宗诚　马　航　周沁柔

【摘　要】

旅游业在推动经济增长、缩小贫富差距的同时也给生态环境造成了威胁。过度旅游降低了公民生活质量和游客体验质量，甚至会使当地居民对游客产生敌意和排斥。粤港澳大湾区拥有丰富的自然和历史文化资源，近年来在国家政策的不断推动下，大湾区内各城市的旅游业也欣欣向荣。然而当地在旅游繁荣发展的同时，存在发展不均的问题。如何实现"主客共生""游客与生态环境共生"是急需解决的问题。青年旅客的增长和流动性，可以为过度集中的旅游目的地带来区域性的改变。本文基于熟悉程度—喜爱程度这一理论框架，对深圳和香港大学生进行半结构式访谈，分析受访者对大湾区各个城市的形象观感，为分散大湾区周围的游客、缓解大湾区内的过度旅游问题提供了潜在的解决方案。

【关键词】

过度旅游；粤港澳大湾区；大学生；城市形象观感

【作者简介】

陈宗诚　香港中文大学地理与资源管理学系研究助理教授，香港中文大学深圳研究院副研究员

马　航　哈尔滨工业大学（深圳）建筑学院教授

周沁柔　新加坡国立大学李光耀公共政策学院硕士研究生

1 研究背景

旅游业近几十年来的增长有两种不同的趋向。一方面，科技发展和出行成本下降提升了旅游发展水平，甚至为新兴经济体也带来了增长。另一方面，不受控制的需求以及旅游业在特定目的地的集中，对领土和当地社区都产生了负面影响（Capocchi et al., 2019）。过度旅游是对旅游目的地过度访问的现象，这一现象在世界各地迅速出现。热门旅游目的地的过度旅游问题可以说是由不受管制的大众旅游、资本积累和增长战略导致的，这些战略与将城市作为旅游商品销售密切相关（Milano et al., 2019）。青年旅客的增长和流动性，可以为过度集中的旅游目的地带来区域性的改变。

粤港澳大湾区（下称"大湾区"）各城市均有丰富的自然和文化旅游资源，但是各城市之间的旅游资源整合和共享相对较少，这也导致了大湾区内部分城市旅游热度过高，而一些有悠久历史文化但不知名的旅游景点却鲜有游客到访。过度旅游不仅会影响当地的交通和环境，来访者与当地人之间的矛盾也是很难避免的（宋丁，2019）。据香港旅游发展局统计，2018年访港游客共计6 515万人次，其中内地游客占比为78%。在香港实施的"多次入境许可"政策，引起了内地游客和香港居民之间的冲突。这种过度旅游导致的游客与居民关系恶化可能会表现出明显的滞后效应。这种滞后效应是指社会冲突给旅游业带来的不可逆的冲击，它的影响将远远超过最初的政策刺激措施（Cheung et al., 2019）。

本文旨在研究在深圳和香港两地就读的本科大学生如何感知大湾区11个城市的旅游形象，通过访谈的文字内容分析他们对大湾区城市和整体区域的观感，并讨论应对过度旅游的策略。

2 文献综述

2.1 过度旅游

理查德森（Richardson, 2017）将任何目的地遭受的旅游压力之苦都看作是过度旅游。世界旅游组织（World Tourism Organization，简称UNWTO）认为过度旅游是指当地人或游客觉得游客太多，致该旅游目的地的生活质量或体验恶化到令人无法接受的程度。此定义强调旅游业与当地承载能力有着密切关系，也就是说过度旅游对旅游业发展有着很大的限制，给可持续性带来负面影响。

过度旅游的影响并不一定波及整个城市，主要是在城市中越来越受欢迎的部分，是在某个时空或在某些事件期间产生的（Koens et al., 2018）。过度旅游主要表现为过度使用目的地资源和基础设施。游客数量可能会季节性增加；互联网和社交媒体的使用也会增加游客量，游客利用各种网上平台和媒体收集旅游目的地信息，以及计划行程、选购服务等，旅游出行越来越便捷，这也导致各地旅游业持续发展，游客数量上升难以控制，从而造成了游客体验质量下降和当地实体经济过度扩张。居民也需要与游客争夺空间和服务。因此在时间和空间上促进游客在目的地的分散，是解决过度旅游问题的一种重要策略。

过度旅游和可持续旅游是影响旅游权和目的地生活质量变化的对抗概念。一方面，过度旅游的出现使居民的需要和声音更受重视；另一方面，可持续旅游的理念影响了对旅游权的讨论，希望游客和居民相互平衡且互相尊重，而不单集中于游客数字和经济收益（Perkumienė et al., 2019）。许多欧洲城市的居民通过反旅游运动表达了对不断增长的游客人数的担忧（Routledge, 2001）。反旅游业兴起的原因有很多，主要是：有着大量游客的旅游目的地通常是联合国教科文组织确定的世界遗产，游客的涌入使遗产的承载力受到威胁；游客的到来降低了当地居民的生活质量；目的地的环境受到威胁；游客对当地合法企业的积极贡献有限（Buckley, 2017; Leadbeater, 2017; Paris, 2017）。

有学者认为，灵活的目的地管理方式，是规避过度旅游的有效方法。因此，通过运用内在的灵活性（例如利用目的地资源创造多元的旅游产品）可以增强创新力，"使（旅游）企业能够充分利用当前的能力，同时开发新的能力"来吸引新游客（Jacobsen et al., 2019; Mihalache et al., 2016），例如意大利威尼斯需减轻日益严重的旅游开发负面影响，保留部分最具特色和需求的新方案（Séraphin et al., 2018）；或者重新考虑旅游地在区域规划中的作用，比如印度将旅游热点泰姬陵从某些旅游小册子中淡化，以拓展更丰富的区域旅游和文化（Krizaj et al., 2014）。此外，一些目的地甚至将一系列阻止游客来当地旅游的措施视为解决过度旅游的策略（Séraphin et al., 2018）。然而，对于过度旅游的问题，重要的是重新考虑全面的旅游规划，其中品牌策略和管理便是不可或缺的一环（Séraphin et al., 2019）。

2.2 目的地品牌与游客感知

过度旅游与特定景点和兴趣点的受欢迎程度密切相关（Peeters et al., 2018）。Lew等（2014）认为，解释游客行为的最相关变量是动机因素，这一因素影响了游客对目的地和旅游景点的选择，解释景点吸引力的要素取决于游客在游览景点前的想法和期望。游客对目的地的兴趣是以目的地形象为基础建立的，目的地形象便自然成为解释游客行为的一个关键要素（Dai et al., 2019; Kislali et al., 2020）。旅游者对品牌形象的感知包括区域形象、场景形象、文化形象和服务形象四个维度。区域形象作为感知品牌形象的重要因素，是旅游者对旅游地进行综合判断和选择的基础。人气高的地区往往是游客的首选。景观的价值、规模和质量是品牌形象核心价值的体现（Shu et al., 2012）。因此，了解游客对目标区域各地方品牌的观感，正是以全局旅游概念去重整过度集中的旅游地所需的。对地方品牌的研究主要来自对地方四个方面的解读：产品、服务、企业和形象，其中把地方当作形象学的研究对象是最为普遍接受的（Hankinson, 2013）。

2.3 学生作为区域游客的市场

在区域人才流动方面，年轻一代的人力资源和经济潜力不容忽视。例如全球青年游客出境旅游人数的增长，推动了全球范围内旅游业市场不断扩大（Richards et al., 2003; UNWTO, 2008）。部分学术研究探讨了青年旅客的行程特征和旅游决策过程（Chiu et al., 2014; Cook et al., 2006; McCartney, 2014）。研究普遍认为，本地学生或留学生构成了相当重要的游客群，且成为不少新兴旅游的先驱者（Chadee et al., 1996; Field, 1999; Hsu et al., 1997; Kim et al., 2003; Michael et al., 2003; Richards, 2014），也是家人和朋友到访时的接待者（Bischoff et al., 2007; Taylor et al., 2004）。更重要的是，这些学生和青年游客的流动性比较强，有潜力在将来的发展、移居等方面成为区域内外的动力（Tran, 2018）。根据世界旅游组织提倡的一些方案了解不同学生群的特征有利于让游客有效地散布于区域中、发展更丰富的区域旅游资源等（UNWTO, 2018），缓解过度旅游带来的负面效应，促使大众旅游向更合适、更多元、更可持续转变。

此外，学生作为游客或接待者，均对目的地和其区域的旅游提供了多种主动功能，包括传递目的地品牌形象、成为目的地信息来源等（Backer, 2011; Backer, 2019; Choi et al., 2018），其中中国学生的文化特征亦成为研究对象之一。综观上述研究问题和方向，了解青年游客对某区域的形象观感，是研究过度旅游问题的一个重点，本文选择此研究方向，以粤港澳大湾区城市作为研究个案，并访问于深圳和香港两地就读的本科大学生，了解学生对大湾区城市旅游形象的观感。

3 研究方法

本文主要采用定性研究方法，了解受访深港大学生作为青年旅客，对大湾区各个城市形象的观感和选择景点的决定因素。本文将基于熟悉度—喜爱度（familiarity-favourability, F-F）框架，通过半结构访谈的方式探究各城市形象的特征和条件，分析在大湾区可持续旅游背景下，为什么受访大学生游客选择或不选择个别城市为目的地。结果或可为解决大湾区内部分城市过度旅游问题提供一个潜在的解决方案，将游客分散到热门旅游目的地周围的城市。

本研究采取个人深度访谈的方式，受访的大学生在访谈问答环节开始前用15分钟左右写下了自己对11个大湾区城市的印象并阐述关于这些印象的细节。本研究通过内容分析法和聚类分析对受访者的城市形象进行分析。内容分析法是对信息特征做出系统、客观和定性的分析，这一方法在旅游研究中得到了广泛的应用（Krippendorff, 2004; Neuendorf, 2002）。聚类分析是对旅游者特征进行分组以细分旅游需求等变量的一种方法，可以分析哪些活动更有可能在哪个城市进行（Scuderi et al., 2018）。本文在对文本进行内容分析的基础上，通过K-means算法将各城市的关键词进行聚类，基于词频将大学生对大湾区城市形象的描述分为四类。

第一象限中的词语（词频高）是能够代表受访者普遍感受的词语，而这些感受也是比较深刻、强烈的（位置靠前）；第二象限中的词语所代表的感受只存在于少数人心中（词频低），但对这些人来说，这些感受非常深刻（位置靠前）；第三象限中的词语所代表的感受既不普遍（词频低），也不深刻（位置靠后）；第四象限中的词语所代表的感受是大众化的感受（词频高），但并不强烈（位置靠后）。

4 粤港澳大湾区城市形象观感

4.1 香港

大部分深圳大学生对香港最强烈的感受是金融中心、购物天堂、拥挤和自由港，香港大学生对自己家乡的主要印象是东方之珠、国际化和自由。由图1和图2可以看出，港深两地的大学生对香港的城市观感都是非常深刻和强烈的，香港凭借独特的地理位置和国际地位给游客们留下了很深刻的印象。例如受访者S22[①]："因为货币汇率、关税上的优惠、商品种类多，所以是大家公认的购物天堂，大部分人选择去购物。"（图3）

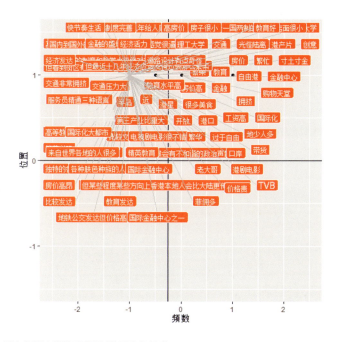

图1 深圳大学生对香港城市形象的观感

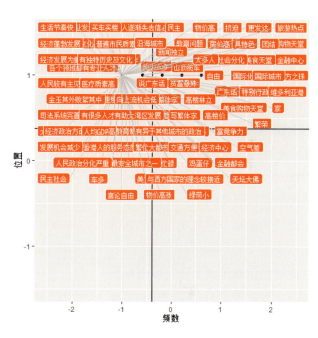

图2 香港大学生对香港城市形象的观感

图3 香港街景

图片来源：摄图网

4.2 广州

无论是深圳大学生还是香港大学生，都在城市的观感中强调了广州的省会地位。令大部分深圳大学生印象深刻的还有广州的历史文化，而对香港大学生来说则是语言上的相似性和广州的工厂（图4、图5）。例如受访者H13："广州对香港人来说更有（语言和文化上的）亲切感。可能是因为广州跟香港离得比较近吧，只隔一条河，所以地理、语言、文化、美食上两地都比较相近。"

4.3 澳门

深圳大学生对澳门的主要印象是赌场和旅游，这也是澳门特别行政区主要的经济产业。香港大学生对澳门的城市观感则更为具体地体现于旅游景点"大三巴"（图6）。由此可见，澳门是大湾区城市中旅游产业发展情况令港深两地大学生印象非常深刻的城市（图7、图8）。澳门和香港同为我国的特别行政区，因此部分受访者也会比较这两座城市的差异，比如当地人的热情程度和港澳两地的文化深度。例如受访者S12："澳门有一些历史遗迹，毕竟它很早之前和香港的状况是差不多的（被外国殖民）。澳门现在还有一些和葡萄牙相关的历史遗迹，风景应该都还不错。"

4.4 深圳

港深两地的大学生对深圳的观感有比较显著的差异。创新、包容、房价、节奏快、科技和年轻是深圳大学生对所生活的城市的主要感受。深圳给香港大学生留下深刻

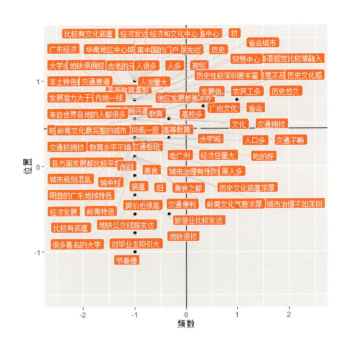

图4 深圳大学生对广州城市形象的观感

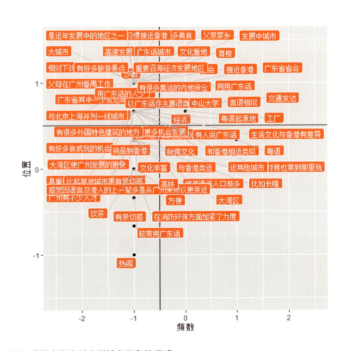

图5 香港大学生对广州城市形象的观感

印象的是改革开放、邻近香港的地理位置和连接香港特别行政区与深圳市两个口岸，以及深圳的独特茶饮（图9、图10）。例如受访者H08："对深圳的印象主要在玩这方面，因为很多同学和一般香港人都会讨论什么时候北上去深圳玩，因为深圳的物价虽然不算低，但是还是比香港便宜。去影院看电影或者喝珍珠奶茶。尤其是看电影，比香港便宜很多，而且有人分享过'包场看电影'的经验。"（图11）

图6 澳门大三巴牌坊   图片来源：摄图网

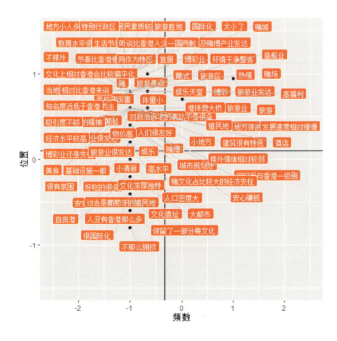

图7 深圳大学生对澳门城市形象的观感

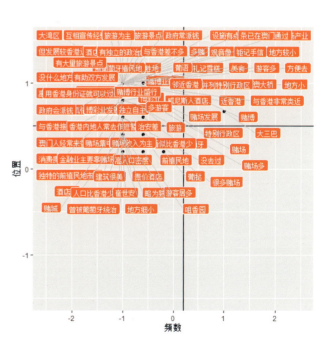

图8 香港大学生对澳门城市形象的观感

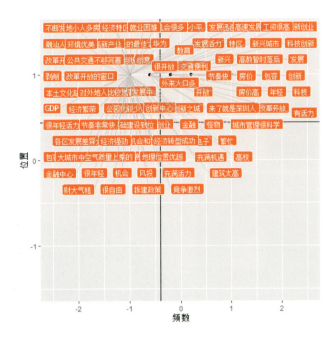

图9 深圳大学生对深圳城市形象的观感

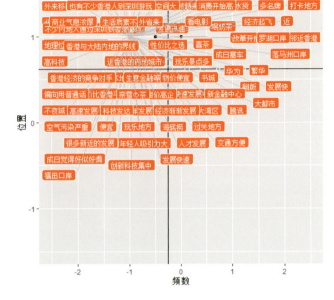

图10 香港大学生对深圳城市形象的观感

图11 深圳城市风光

图片来源：摄图网

4.5 东莞

东莞留给深圳和香港大学生的主要印象还是当地的工厂和承接其他一线城市而发展起来的制造业。也有很多深圳大学生对东莞的扫黄事件和色情产业印象深刻。两地学生对东莞旅游业的相关观感较少。例如受访者S05："因为深圳以前的发展是靠一种比较简单的制造业，后来随着以腾讯为首的新型的高新技术产业出现，东莞就承接了深圳产业转移这个功能，接收了大量依靠劳动力和资本的制造业，并有着频繁和越来越快的人口流动。"

4.6 珠海

深圳大学生对珠海并没有深刻、强烈的感受，受访学生对珠海较为普遍的印象是毗邻澳门和名校分校区，而这些观感并不是特别强烈。香港大学生对珠海的城市形象关键词集中于2018年底通车的港珠澳大桥，还有个别香港学生到访过珠海的长隆主题乐园。例如受访者H19："香港有很多去珠海的旅行团可以选择，一般都是三天两夜团，泡温泉项目最热门，也可以直接去买珠海温泉套票。另外珠海消费比较便宜，服务也不错，蛮吸引香港人去的。"

4.7 佛山、中山、惠州和肇庆

深圳大学生和香港大学生对佛山、中山、惠州和肇庆的主观印象，都与旅游和当地景点密切相关，不过与香港大学生相比，深圳大学生对每个城市的旅游特点观感更为具象化。比如深圳大学生对佛山的印象有广佛同城、顺德美食和宜居，而提到中山市受访学生则会想到孙中山、中山大学[②]、经济一般、美食多和历史。例如受访者S04："佛山现在会用它的一些原有的（历史）文化来开发旅游业，比如说佛山顺德的逢简水乡就是以顺德当地的美食和特有的景观来开发的一个文化产业项目和旅游景点，会专门去开发规划，而不仅仅是把逢简水乡当成一个村子，或者像以前一样一个劲只开发工业。"受访者H06："因为香港会打关于佛山和中山度假村的广告，我们（香港人）也有可能去那边买房子用来度假。"受访者S01："惠州有很多双月湾、大亚湾之类的海湾，近几年也蛮热门的，很多人会到那边去旅游。"受访者H04："肇庆是岭南名郡，是座很有历史的古城，有很多牌坊、城楼，山上也有一些特殊景点。"

4.8 江门

深港大学生对江门市城市形象的感受整体较弱，也以比较负面的词语为主。唯一一个让深圳大学生印象深刻的旅游景点是中西合璧的民居开平碉楼，而部分香港的大学生则表示在小学或中学的时候曾前往江门参加交流团。例如受访者S17："有个世界文化遗产（叫）开平碉堡，这方面旅游还不错，但没怎么发展起来。"

综观上述对城市形象的观感，表1展示了两地受访大学生普遍感受的词语，也是对各城市比较深刻、强烈的印象。

5 对大湾区的整体情感倾向

5.1 对大湾区整体情感倾向的主要文字描述

通过NVivo软件，对深港大学生在访谈过程中的城市描述进行文本分析，并识别出受访学生对整个大湾区城市的情感态度（图12、图13、表2）。由图表可知，深圳大学生对大湾区城市的描述中，正面情绪和负面情绪都存在，带有明显情感倾向的节点数量明显多于香港大学生（图14），这可能与受访学生对整个大湾区的熟悉程度有关。两地的城市描述中，正面情感比负面情感更多，由此可见，大部分受访者对大湾区城市的城市形象和发展状况持积极态度。但负面和非常负面的情感也占一定比重。

5.2 熟悉程度和喜爱程度对大学生旅游的影响

为了进一步了解深圳大学生和香港大学生决定前往大湾区某一城市旅游时考虑了哪些因素，以及对大湾区城市的熟悉程度和喜爱程度如何影响受访学生的旅游决定，本研究基于熟悉度—喜爱度理论，通过半结构访谈的方式深入了解了影响大学生流动选择和形成上文中城市观感的原因。通过NVivo软件对访谈内容进行内容分析并编码形成表3。

6 讨论

6.1 旅游资源

一个城市的旅游资源对受访者的熟悉程度有显著影响，是影响深圳和香港大学生旅游决策的最重要因素，同时，这一因素还是影响深圳和香港大学生对大湾区城市喜爱程度的重要因素。大湾区的旅游资源分布并不均衡，各个城市的旅游景点知名度也有很大差别。例如受访者S12："要看当地能被称为旅游资源的地方多不多。像深圳的话我就觉得没什么可以旅游的，因为感觉它没有什么很有特色的东西。我反而会对佛山、顺德和澳门这些地方有旅游兴趣，因为它们有一些自己的特色。"

因此要解决大湾区城市群中部分城市的过度旅游问题，最首要的是充分利用各个城市的独特性，合理开发一些知名度较低的旅游景点，提高游客对小众景区的熟悉程度，比如打造惠州的海滨旅游度假村，利用肇庆的历史文化底蕴发展美食产业，开发江门的特色乡村旅游业，凭借"中国侨都"的地位吸引更多海外华人华侨等不同游客群体，从而将游客分散至大湾区的各个城市。

6.2 公共服务和基础设施

公共服务和基础设施也是影响旅游决策的重要因素，包括城市的基础设施建设、交通和公共服务质量。从大学生对大湾区城市的观感中也可以明显看出，在大湾区，一些城市的公共设施和公共交通并不是很完善，风景虽美，可出行的不便导致很多潜在的游客对该城市望而却步。例如受访者H12："配套设施没有满足游客的需求，例如酒店、交通等。"

将大湾区的铁路和公路线空间分布进一步整合可以为游客提供"一程多站"旅游线路。各城市需要利用国家发展大湾区建设的政策便利条件，提高公共设施和服务水平。交通和基础设施不够发达的城市可以通过打造"大湾区城市群旅行团"等旅游方案，减轻游客密度较高的城市的压力。

6.3 城市氛围

深圳和香港大学生都非常在意一个城市的氛围，包括一个城市的口碑、市民素质和包容度以及该城市的独特性。这一因素会影响受访学生对一个城市的熟悉程度、喜爱程度，进而影响学生的旅游流动决策。例如受访者S08："香港的商圈和街道给人感觉很逼仄和拥挤，空间上比深圳还要狭窄，但文化让我舒服，因为在香港我会感受到当地以前电影产业乃至整个娱乐很繁荣的一段时光，而且当地自身也有比较悠久的文化历史。"受访者H09："我觉得要看所在城市居民是否欢迎外来人口。"

一些知名度并不高，但有悠久历史文化的城市可以通过营造城

表1 深港两地大学生对各城市第一象限的观感词汇总

	深圳大学生	香港大学生
香港	金融中心、购物天堂、拥挤、自由港	东方之珠、国际化
深圳	创新、包容、房价、节奏快、科技、年轻	邻近香港、改革开放、罗湖口岸、落马洲口岸、喜茶
澳门	赌场、旅游	大三巴
广州	历史悠久、广府文化、省会	粤语、工厂、广东省省会
东莞	工厂多、产业转移、扫黄、制造业	工厂
珠海	—	港珠澳大桥
佛山	广佛同城、顺德美食、宜居	旅游、黄飞鸿
中山	孙中山、中山大学、经济一般、美食多、历史	旅游
惠州	旅游业	旅游、较落后、不太了解
肇庆	旅游业、粤北	旅游、景点
江门	知名度不高、开平碉楼、落后	参加交流团时到访过

市氛围、凸显城市独特性，利用广告、社交媒体等提高城市的影响力，提高游客对当地的熟悉程度。同时，地方政府可以利用一些优惠政策，比如很多受访者提及的澳门"派钱"政策，将当地旅游业带来的收入通过转移支付等形式分给当地人，实现财富再分配，调节当地人由于游客过多产生的反感体验。

6.4 社会生活压力

一个城市的物价水平和生活节奏会影响游客的旅游决定。很多受访者认为，如果物价太高，旅行的成本就会随之上升，在经济条件有

图12 深圳大学生对大湾区的观感关键词

图13 香港大学生对大湾区的观感关键词

表2 深圳大学生和香港大学生对粤港澳大湾区的情感倾向

情感倾向	编码节点数		代表性访谈片段
	深圳大学生	香港大学生	
非常正向	39	10	酒店比澳门便宜，因为之前去澳门的时候会顺便去珠海，从澳门关闸到珠海也是很方便的。(H17)
较为正向	197	117	每个市应该都是有自己的实业的，但是江门我感觉是有比较出名的、做得好的实业，比如说刀具（阳江十八子）。(S09)
较为负向	100	49	香港有些小餐馆会冠名"肇庆小菜"，主要都是热炒类的菜式，不过我对肇庆饮食的了解也就停留在这个层面。(H22)
非常负向	100	45	我爸在东莞经营过餐厅，所以我小时候在东莞住过，觉得环境真的不好，后来就搬去茂名，也没有再去过东莞。(S07)

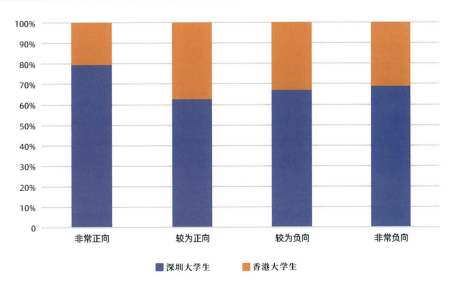

图14 深圳大学生和香港大学生对粤港澳大湾区的情感倾向

限的情况下，受访学生还是愿意选择生活成本和消费水平稍微低一点的城市。受访者H01："主要是看旅费。"受访者H11："要看成本，例如有没有时间和钱。如果城市的物价比较低廉就会去那里。"

大部分过度旅游现象是在某个时间或某个事件期间发生的，要在一个时间段分散游客，减轻大湾区热门旅游城市的压力，可以考虑设立特定的"景点优惠季"。比如在"十一黄金周"时开展"旅游文化节"等活动，降低冷门旅游城市的门票价格，通过价格机制将游客吸引到该地旅游和消费。

6.5 生态环境

生态环境和城市污染问题是深圳和香港大学生都很关注的，一个城市环境的好坏影响着学生的出游选择。很多香港大学生对除香港、澳门以外的大湾区城市形象描述都与工业相关，大湾区城市中有许多承接一线城市制造业的工业城市，比如东莞，这类城市在发展旅游业之前首先需要协调生态环境与工业发展的关系。受访者H05："去大湾区城市旅游还要看那里环境好不好，包括整洁程度、市容市貌，如果环境不好可能就不想去那个城市旅游。"受访者S05："如果一个城市是以第二产业为主，肯定污染严重，就不太可能去旅游。"

我国旅游业与生态环境系统综合评价指数仍呈现出一定程度的负相关（方叶林 等，2013），旅游与生态环境系统的协调发展需进一步加强。对于环境较差、污染严重的城市，可通过"环境税"的方式控制环境质量，也可以因地制宜，学习欧美、日本和我国台湾地区，打造"观光工厂"，形成热门的文创观光景点。各城市需要检视各自的发展阶段、独特的环境资源，从而整合出理想的方向和地方品牌（de Jong et al., 2018）。

6.6 经济发展水平

不同城市的经济发展水平给受访者留下了不一样的观感。大湾区里部分城市给大学生们留下了"较落后"的印象，在访谈过程中也有受访者表示，城市的经济实力也是学生考虑是否去当地旅游的一个重要因素。受访者H01："之前在中学的时候有学到惠州比较贫穷，广州跟惠州的GDP一度在（内地）大湾区/珠三角是分属最高和最低的。江门的话也是通过类似渠道听说它比较贫穷。鉴于上面提到城市经济实力，我觉得经济方面也是一个考虑。"正如上文提到的，部分大湾区城市的支柱产业仍是第二产业，即工业、制造业。随着国内劳动力价格的上涨和科技的进步，这类城市更需要通过原有的产业基础带动服务业发展。

6.7 信息接触

在这个信息爆炸的时代，各种形式的旅游资讯的传播在提升城市知名度、吸引游客方面发挥着至关重要的作用。受访者S10："我对城市的喜爱有可能是靠城市自己通过广告宣传'强行输出'；也可能通过自己看书、看电影、看电视剧描写某个城市然后被吸引，之后决定去探寻书上提到的地方。"

大湾区各个城市都有不同的特色，除了繁华的城市旅游和海滨旅游外，生态乡村旅游也可以在解决过度旅游问题中发挥重要作用。完善城乡基础信息服务设施，为冷门地区设计详细的规划方案，发挥社交媒体的宣传和旅行App的市场营销作用有利于游客更好地了解当地的旅游资讯。

7 结论

过度旅游是一个复杂而多层面的现象，需要以多行动和多方利益相关者解决过度旅游带来的问题。本文基于熟悉度—喜爱度理论，访谈了来自深圳和香港的50名大学生，了解学生在大湾区旅游的流动动机和对大湾区各城市形象的感知。研究发现，深圳和香港大学生对大湾区内各城市的观感有较大差异，对部分城市感知的强弱程度也有所不同。旅游资源、公共服务及设施、城市氛围、社会生活压力、生态环境、经济发展水平和信息接触这几个因素都会在一定程度上影响大学生对大湾区城市的熟悉程度、喜爱程度和旅游决策。

中共中央、国务院日前印发的《粤港澳大湾区发展规划纲要》提出了构筑休闲湾区、打造世界级旅游目的地的发展目标，大湾区内跨城性的精品旅游线路和旅游布局将逐渐被推动，高铁等公共交通的完善会为大湾区开发"一程多站"旅游产品。在这样的政策背景下，根据大湾区各个城市的独特性发展多元化的旅游线路，或许可以将游客分散到大湾区周围，缓解部分城市

表3 基于熟悉度-喜爱度的大学生旅游流动选择

维度	类别	次类别（影响因素）	深圳大学生编码参考点数/%	香港大学生编码参考点数/%
城市旅游	熟悉程度	旅游资源	7 (3.23%)	5 (2.92%)
		城市氛围	10 (4.61%)	5 (2.92%)
		环境生态	3 (1.38%)	—
		信息接触	31 (14.29%)	31 (18.13%)
		公共服务及设施	5 (2.30%)	3 (1.75%)
		个人经历	39 (17.97%)	24 (14.04%)
	喜爱程度	信息接触	2 (0.92%)	9 (5.26%)
		社会生活压力	12 (5.53%)	3 (1.75%)
		城市氛围	20 (9.22%)	13 (7.60%)
		旅游资源	13 (5.99%)	11 (6.43%)
	流动决策	旅游资源	30 (13.82%)	18 (10.53%)
		公共服务及设施	14 (6.45%)	15 (8.77%)
		城市氛围	9 (4.15%)	12 (7.02%)
		社会生活压力	6 (2.76%)	6 (3.51%)
		环境生态	5 (2.30%)	4 (2.34%)
		经济发展水平	5 (2.30%)	3 (1.75%)
		信息接触	4 (1.84%)	2 (1.17%)
		性格特质	1 (0.46%)	2 (1.17%)
		社会文化特征	1 (0.46%)	2 (1.17%)
		心理因素	—	2 (1.17%)
		文化背景	—	1 (0.58%)

注：根据内容分析法和扎根理论，"喜爱程度"下的"旅游资源"与"流动决策"下的"旅游资源"，虽属同一个次类别，但分属于两个不同类别下，存在差异。

在某一时段游客数量过于集中而超过旅游承载力的问题（de Jong et al., 2018）。

大湾区不仅包括珠三角城市群的重要城市，还包括香港和澳门两个特别行政区，因此，在发展旅游产业的过程中更要关注公共服务体系的完善和旅游信息不对称的问题。简化签注办理，加强湾区内城市的旅游宣传，有利于进一步加强广东省与港澳地区、国内各城市与大湾区之间的沟通和了解，特别是提高游客对一些冷门旅游城市的熟悉程度，从而缓解区域内旅游城市发展的外部效应。

基金项目

深圳市哲学社会科学规划课题项目"比较香港和深圳大学生在粤澳大湾区城市的未来发展的角色：从感知形象到移居决定"（批准号：SZ2018B015）

注释

①Sxx表示深圳第xx位受访者；Hxx表示香港第xx位受访者。

②中山大学的校区主要分布在广州市而非中山市，但很多深圳受访者会将中山市和中山大学联系在一起。

参考文献

方叶林，黄震方，段忠贤，等，2013. 中国旅游业发展与生态环境耦合协调研究[J]. 经济地理，33（12）：195-201.

宋丁，2019. 粤港澳大湾区旅游业发展的12大趋势[EB/OL]. http://www.sohu.com/a/321065364_100134321.

BACKER E, 2019. VFR travel: do visits improve or reduce our quality of life?[J]. Journal of hospitality and tourism management, 38(1): 161-167.

BACKER E, 2011. VFR travellers of the future. [M]//YEOMAN I, HSU K, SMITH C, et al., Tourism and demography. Oxford, The United Kingdom: Goodfellow Publishers: 73-86.

BISCHOFF E, KOENIG-LEWIS N, 2007. VFR tourism: the importance of university students as hosts[J]. International journal of tourism research, 9(6): 465-484.

BUCKLEY J, 2017. Florence launches campaign telling tourists how to behave[EB/OL]. http://www.cntraveler.com/story/florence-launches-campagin-tellingtourists-how-to-behave.

CAPOCCHI A, VALLONE C, PIEROTTI M, et al., 2019. Overtourism: a literature review to assess implications and future perspectives[J]. Sustainability, 11(12): 1-18.

CHADEE D D, CUTLER J, 1996. Insights into international travel by students[J]. Journal of travel research, 35(2): 75-80.

CHEUNG K S, LI L H, 2019. Understanding visitor-resident relations in overtourism: developing resilience for sustainable tourism [J]. Journal of sustainable tourism, 27(8): 1197-1216.

CHIU L K, RAMLI K I, YUSOF N S, et al., 2014. Examining youth Malaysians travel behaviour and expenditure patterns in domestic tourism[J]. Asian social science, 11(9): 77-88.

CHOI S H, FU X, 2018. Hosting friends and family as a sojourner in a tourism destination [J]. Tourism management, 67(1): 47-58.

COOK R A, YALE L J, MARQUA J J, 2006. Tourism-the business of travel[M]. 3rd ed. New Jersy: Pearson Education.

DAI T, HEIN C, ZHANG T, 2019. Understanding how Amsterdam City tourism marketing addresses cruise tourists'motivations regarding culture[J]. Tourism management perspectives, 29: 157-165.

DE JONG M, CHEN Y, JOSS S, et al., 2018. Explaining city branding practices in China's three mega-city regions: the role of ecological modernization[J]. Journal of cleaner production, 179: 527-453.

FIELD A M, 1999. The college student market segment: a comparative study of travel behaviors of international and domestic students at a southeastern university[J]. Journal of travel research, 37(4): 375-381.

HANKINSON G, 2013. Place branding theory: a cross-domain literature review from a marketing perspective[M]// ASHWORTH G, KAVARATZIS M. Towards effective place branding management: mranding European cities and regions. Cheltenham, UK, Northampton, MA: Edward Elgar :15-35.

HSU C H C, SUNG S, 1997. Travel behaviors of international students at a midwestern university [J]. Journal of travel research, 36(1): 59-65.

JACOBSEN J K S, IVERSEN N M, HEM L E, 2019. Hotspot crowding and over-tourism: antecedents of destination attractiveness[J]. Annals of tourism research, 76: 53-66.

KIM K, JOGARATNAM G, 2003. Activity preferences of Asian international and domestic American university students: an alternate basis for segmentation[J]. Journal of vacation marketing, 9(3): 260-270.

KISLALI H, KAVARATZIS M, SAREN M, 2020. Destination image formation: towards a holistic approach[J]. International journal of tourism research, 22(2): 266-276.

KOENS K, POSTMA A, PAPP B, 2018. Is overtourism overused? Understanding the impact of tourism in a city context[J]. Sustainability, 10 (12): 4384-4399.

KRIPPENDORFF K, 2004. Content analysis: an introduction to its methodology[M]. 2nd ed. London: Sage Publications.

KRIZAJ D, BRODNIK A, BUKOVEC B, 2014. A tool measurement of innovation newness and adoption in tourism firms[J]. International journal of tourism research, 16(2): 113-125.

LEADBEATER C, 2017. Anti-tourism protesters in Barcelona slash tyres on sightseeing buses and rental bikes[EB/OL]. http://www.telegraph.co.uk.

LEW A A, HALL C M, WILLIAMS A M, 2014. The Wiley Blackwell companion to tourism[M]. Hoboken, NJ, USA: John Wiley Sons.

LIU G, RYAN C, 2011. The role of Chinese students as tourists and hosts for overseas travel [J]. Asia pacific journal of tourism research, 16 (4): 445-464.

MCCARTNEY G, 2014. Introduction to tourism management: an Asian perspective[M]. Columbus: McGraw-Hill Education.

MICHAEL I, ARMSTRONG A, KING B, 2003. The travel behaviour of international students: the relationship between studying aboard and their choice of tourist destinations[J]. Journal of vacation marketing, 10(1): 57-66.

MIHALACHE M, MIHALACHE O R, 2016. Organizational ambidexterity and sustained performance in the tourism industry[J]. Annals of tourism research, 56: 142-144.

MILANO C, NOVELLI M, CHEER J M, 2019. Overtourism and degrowth: a social movements perspective[J]. Journal of sustainable tourism, 27(12): 1857-1875.

NEUENDORF, 2002. Content analysis guidebook [M]. Thousand Oaks, California, US: Sage.

MOK C, DEFRANCO A L, 2000. Chinese cultural values: their implications for travel and tourism marketing[J]. Journal of travel & tourism marketing, 8(2): 99-114.

PARIS N, 2017. Tourists have turned Oxford into'hell' local claim[EB/OL]. http://www.telegraph.co.uk/travel/news/oxford-tourist-hellovercrowding-residents-locals-complain.

PEETERS P, GÖSSLING S, KLIJS J, et al., 2018. Overtourism: impact and possible policy responses[R]. Research for TRAN Committee.

PERKUMIENĖ D, PRANSKŪNIENĖ R, 2019. Overtourism: between the right to travel and residents' rights[J]. Sustainability, 11(7): 2138-2155.

RICHARDS G, WILSON J, 2003. New horizons in independent youth and student travel. A report for the International Student Travel Confederation (ISTC) and the Association of Tourism and Leisure Education (ATLAS)[M]. International Student Travel Confederation.

RICHARDS G, 2014. Creativity and tourism in the city[J]. Current issues in tourism, 17(2): 119-144.

RICHARDSON D, 2017. Suffering the strain of tourism[EB/OL]. TTG@wtm.

ROUTLEDGE P, 2001. Selling the rain, resisting the sale: resistant identities and the conflict over tourism in Goa[J]. Social & cultural geography, 2(2): 221-240.

SCUDERI R, NOGARE C D, 2018. Mapping tourist consumption behaviour from destination card data: what do sequences of activities reveal? [J]. International journal of tourism research, 20: 554-565.

SÉRAPHIN H, SHEERAN P, PILATO M, 2018. Over-tourism and the fall of Venice as a destination[J]. Journal of destination marketing & management, 2018, 9: 34-376.

SÉRAPHIN H, YALLOP A C, CAPATINA A, et al., 2018. Heritage in tourism organisations' branding strategy: the case of a post-colonial, post-conflict and post-disaster destination [J]. International journal of culture tourism and hospitality research, 12(1): 89-105.

SÉRAPHIN H, ZAMAN M, OLVER S, et al., 2019. Destination branding and overtourism [J]. Journal of hospitality and tourism management, 38: 1-4.

SHU L, ZHANG H, 2012. Study on tourist perceptions of urban tourism brand image in Ningbo[J]. Advances in information sciences & service sciences, 4(23): 158-165.

TAYLOR R, SHANKA T, POPE J, 2004. Investigating the significance of VFR visits to international students[J]. Journal of marketing for higher education, 14(1): 61-77.

TRAN M N D, MOORE K, SHONE M C, 2018. Interactive mobilities: conceptualising VFR tourism of international students[J]. Journal of hospitality and tourism management, 35(1): 85-91.

United Nations World Tourism Organization (UNWTO), 2008. Youth travel matters: understanding the global phenomenon of youth travel[M]. World Tourism Organization.

United Nations World Tourism Organization (UNWTO), 2018. 'Overtourism'? Understanding and managing urban tourism growth beyond perceptions[M]. World Tourism Organization.

滑雪者在拥挤感知下的调适行为研究：以感知风险为中介变量

Coping Behavior of Skiers with the Crowding Perception: The Mediating Effect of Perceived Risk

文 / 陈 虎　岳忻蕾　王颖超　刘乂铭

【摘　要】

文章以滑雪运动参与者为研究对象，通过实地调查得到了322份有效样本，通过SPSS 24.0和AMOS 22.0对其进行了信度分析、验收性因子分析和SEM分析，结果显示：（1）目标关联性拥挤、人群拥挤、空间拥挤和间接拥挤对滑雪运动参与者的感知风险均有直接正影响；（2）目标关联性拥挤对滑雪运动参与者的调适行为有直接正影响；（3）人群拥挤、空间拥挤和间接拥挤对滑雪运动参与者的调适行为虽然没有直接正影响，却会通过感知风险对调适行为产生间接正影响。最后，在这样的作用机制下，提出了相应的发展启示。

【关键词】

滑雪运动；拥挤感；风险感知；调适行为

【作者简介】

陈　虎　济南大学文化和旅游学院讲师，山东文化和旅游大数据研究中心成员
岳忻蕾　英国爱丁堡大学商学院硕士研究生
王颖超　通讯作者，济南大学土木建筑学院讲师，韩国世宗大学经营管理学院博士研究生
刘乂铭　济南大学文化和旅游学院副教授

注：本文图片除标注外均由作者提供。

图1 哈尔滨亚布力滑雪场　　　　　　　　　　　图片来源：摄图网

1 引言

旅游过程中的拥挤，以及拥挤给景区造成的破坏和给游客游憩体验带来的不良影响，已经成为景区管理部门和当地政府需要面对和亟待解决的重要问题（张梵义，2012）。在消费者层面，除在节事旅游活动中可以对拥挤感有所"免疫"以外（Kim, 2014），在其他领域，拥挤不仅简单地对活动参与者的满意度造成负面影响（Chung et al., 2018），更是对活动参与者的情绪（Yoon et al., 2014）和安全感（Eroglu et al., 2005; Machleit et al., 2000）等全面地产生消极作用。加之旅游的本质是体验（谢彦君，2005），可以说在消费者层面消除拥挤感是提升旅游品质的有效途径。在拥挤程度较高的环境下，消费者也会自发地做出相应的调适行为（张梵义，2012）。这种调适行为主要表现为活动参与者在活动类型、活动场所和活动时间三个层面做出的调整和替代行为（Jung, 2016；张丛文，2012）。这是活动参与者的自主行为，这就意味着，景区和区域的管理者不仅要应对活动参与者的消费行为，还要协助其调适行为，避免其不满意的状态从对局部恶化到对整个区域，从某个时段恶化到整个出行过程。

在这样的现实和理论背景下，本文以滑雪运动参与者为对象展开研究。由于滑雪运动存在一定的危险性，所以本研究将感知风险纳入研究范围，旨在通过"拥挤感→风险感知→调适行为"的理论推导和实证检验，揭示滑雪运动参与者拥挤感的来源细节，并揭示拥挤感对调适行为，以及感知风险对调适行为的作用机制。在为后续研究提供理论依据的同时，也为体育旅游尤其是滑雪休闲旅游（图1）的发展提供相应的建议与发展启示。

2 文献综述

2.1 拥挤感

拥挤的相关理论主要脱胎于"承载力"（Shelby et al., 1989; WU et al., 2014），在后来受到了心理学的影响（WU et al., 2014），从而产生了今天应用于游憩学研究的概念——拥挤感（congestion perception），表现为个人对空间内过高人群密度的主观感知（Stockdale, 1978; Stokols, 1972; Hui et al., 1991）。在已有研究中，部分学者强调了个人对拥挤的感知来源为主要由空间和人数决定的"密度"（Absher et al., 1981; Hong et al., 2014; Kim, 2014），而另有学者则着重强调了拥挤感的负面性（Shelby et al., 1991; Helby et al., 1996; Shelby et al., 1988; Hong et al., 2014; Burrus et al., 1986），可以说是个体主观的一种不良心态、消极情绪或是消极评价。但笔者认为拥挤感已有研究中采用的测度题项极少涉及情绪，更多的是偏向较为主观的认知，所以，拥挤感可以定义为个人由于所处空间内人群密度过高而产生的消极评价。但Kaya和Weber（2003）却在研究中强调，客观人群密度越大，不一定拥挤感越强（Kaya et al., 2003），所以决定拥挤感的不只是人群密度（Lee et al., 2003），还包括Lee（1997, 2000）和West（1982）、吴义宏等（2014）等学者在拥挤感知中提到的环境的声音、清洁程度、设施的完善程度、服务与管理、其他游客行为和排队时间等因素（Lee, 2000; Lee, 1997; West, 1982; WU et al., 2014）。综上所述，本研究将游憩研究领域的拥挤感定义为游憩者以游憩空间内过高人群密度为主要原因，以游憩环境的声音、清洁程度、设施的完善程度、服务与管理、其他游客行为和排队时间等方面的不良表现为次要因素而产生的消极评价。

通过整理已有文献可以发现，除去用单一维度变量来解释拥挤感以外，学者主要通过人潮拥挤和空间拥挤两个维度来进行研究（Lee et al., 2016）。而Lee（2003）则在研究中强调了从期待差异而来的拥挤感（Lee et al., 2003）。以上三种情况均以密度为中心。本研究将其称为直接拥挤感。其中来自期待差异的拥挤感被称为目标关联性拥挤感（goal-related crowding），是指与诱发行为的期待密度存在否定性的不一致（Lee et al., 2003; Lee, 2000; Lee, 1997）；人潮拥挤感（human crowding）又被称为行为性拥挤感（Zhang et al., 2018），是指人群密度过大导致容易感受到其他游憩者造成的不便、不愉快和危险的程度（Kim, 2014）；空间拥挤感（spatial crowding）也被称为物理性拥挤感（Zhang et al., 2018），是指游憩者不受他人影响，可承载的自由活动的空间的大小（Gramann et al., 1984）。而环境的声音、清洁程度、设施的完善程度、服务与管理、其他游客行为和排队时间等非密度因素导致的拥挤感，笔者称之为间接性拥挤感。所以，本研究将通过由目标关联性、人潮性和空间性三个维度构成的直接拥挤感和间接拥挤感，共四个维度对滑雪场拥挤感进行描述。

2.2 变量间理论关系与假设

在拥挤感与风险感知的理论关系方面，人潮拥挤导致踩踏事故发生率提高在安全研究领域已然是共识，但事故风险只是消费者风险感知的一个构面（Liu et al., 2013）。在游憩研究领域，诸多学者都有相对一致的观点，那就是拥挤会明显影响消费者的游憩体验（Eroglu et al., 2005; Bultena et al., 1981; Luo, 2006; Zhou, 2003），这就意味着拥挤感会提高消费者对产品功能的风险感知。Yoon、Lee和Kang（2014）在节事活动的研究领域揭示了人潮拥挤与空间拥挤对风险感知均存在显著影响（Yoon et al., 2014）；Kang和Cho（2011）在关于景区饭店的研究中发现，人潮拥挤对消费者的风险感知存在正影响（Kang et al, 2011）。综上所述，拥挤感会加强体验者的风险感知。所以，本研究设定以下研究假设：

H1：滑雪运动者对滑雪场的拥挤感对其风险感知存在正影响。

H1a：滑雪运动者对滑雪场的目标关联拥挤感对其风险感知存在正影响。

H1b：滑雪运动者对滑雪场的人潮拥挤感对其风险感知存在正影响。

H1c：滑雪运动者对滑雪场的空间拥挤感对其风险感知存在正影响。

H1d：滑雪运动者对滑雪场的间接拥挤感对其风险感知存在正影响。

在拥挤感与调适行为方面，早期研究强调了个人对环境拥挤的感知差异会导致其做出回避行为（Manning, 1999）；在近些年的研究中，部分学者分别在休闲体育、主题公园和节事活动领域检验了活动参与者拥挤感知促使其做出调适行为的驱动性（Kim, 2014; Park et al., 2014; Kim et al., 2015）。所以，拥挤感对调适行为存在显著的影响作用，并可以应用于多个案例，基于此，本研究设定如下研究假设：

H4：滑雪运动者对滑雪场的拥挤感对其调适行为存在正影响。

H4a：滑雪运动者对滑雪场的目标关联拥挤感对其调适行为存在正影响。

H4b：滑雪运动者对滑雪场的人潮拥挤感对其调适行为存在正影响。

H4c：滑雪运动者对滑雪场的空间拥挤感对其调适行为存在正影响。

H4d：滑雪运动者对滑雪场的间接拥挤感对其调适行为存在正影响。

在风险感知与调适行为方面，在线下消费中，消费者感知到与期望不符的不确定因素时，会做出退货行为（William et al., 1994）；后有学者在网络购物领域发现，消费者感知风险会正向作用于调适行为。而Sönmez和Graefe（1998）、Kozak等（2007）、Elaine和Siti（2014）则以国际旅游、香港旅游和灾后的日本旅游为例，揭示了风险感知对后续行为的驱动作用（Forsythe et al., 2003; Sönmez et al., 1998; Elaine et al., 2014）。所以，风险感知对调适行为存在显著的驱动作用，并适用于多个领域，基于此，本研究设定如下研究假设：

H3：滑雪运动者的风险感知对其调适行为存在正影响。

2.3 研究模型

本文通过梳理已有问题发现，拥挤感会显著作用于风险感知和调适行为。风险感知在受拥挤感影响的同时，还会显著作用于调适行为。所以，本文构建了一个带有中介变量的模型（图2）。

3 研究方法

3.1 测定指标

本文通过梳理已有文献（张梵义，2012，Yoon et al.，2014；Kang et al.，2011；Park et al.，2014），得出涉及拥挤感、风险感知和调适行为3个变量的测定指标。其中拥挤感量表共有13个指标，分别为包括"超出想象（GRC1）""超出接受程度（GRC2）"和"无法达到预期（GRC3）"3个指标的目标关联性拥挤，包括"乘索道者太多（HC1）""人员来往过于频繁（HC2）"和"因人多导致拥挤（HC3）"3个指标的人潮性拥挤，包括"空间局促（SC1）""空间拥挤（SC2）"和"空间令人感到窒息（SC3）"3个指标的空间性拥挤,包括"索道数量不足（IC1）""装备租赁窗口不足（IC2）""餐饮设施不足（IC3）"和"卫生间不足（IC4）"4个指标的间接性拥挤。风险感知量表共有4个指标，分别是"身体受伤（RP1）""情绪不悦（RP2）""乐趣打折（RP3）"以及"发生冲突（RP4）"。调适行为量表共有3个指标，分别是"场所调适（CB1）""时间调适（CB2）"以及"活动调适（CB3）"。除此之外，另设了性别、年龄、婚否和收入4个描述人口统计学特征的调查指标。

3.2 样本概况

研究以山东青岛的崂山北宅高山滑雪场、潍坊的青州驼山滑雪场、济南的青龙峪高山滑雪场和卧虎山滑雪场为样本采集地，在2019年12月21日和22日进行问卷调查。每一处均以扫二维码填写问卷的方式，各邀请了100位滑雪运动参与者接受调查，受访者共计400人，后台显示总共回收351份样本，回收率为87.75%。通过人工筛选，剔除了问卷填写用时不足2分钟（平均每题作答时间低于5秒）和明显诚意不足的样本，最终得到有效样本332份，有效回收率为83.0%。

样本中男性155人，女性177人，分别占46.7%和53.3%；在年龄方面，20~29岁人群以196人占59.0%，有绝对优势，其次是121名30~39岁人群，占36.5%，最后是40~49岁人群和20岁以下人群，分别以9名和6名占2.7%和1.8%；在婚姻情况上，已婚人员以260人占78.3%，未婚人员以62人占21.7%；在收入方面，月收入不足3 000元的人群以32人占9.6%，3 000~5 000元的人群以48人占14.5%，5 000~8 000元的人群以156人占47.0%，8 000~15 000元的人群则以70人占21.1%，最后15 000元以上收入人群以26人占7.8%。

3.3 分析方法

研究首先通过Cronbach's α 系数对样本的内部一致性进行检验，确保研究样本的可信性。然后通过验收性因子分析（confirmatory factor

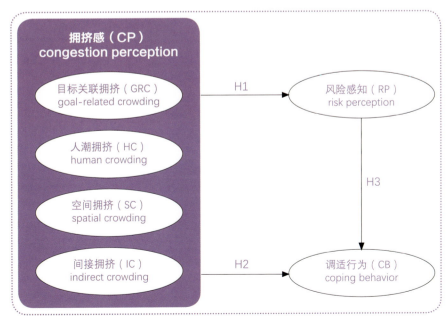

图2 研究理论模型

analysis，简称CFA）对量表的效度进行检验，而后通过比较因子AVE（average variance extracted，平均方差提取）值的均方根与变量间标准化系数的大小，来确定变量构成维度与后置变量间的区分效度。最后，通过SEM（structural equation modeling，结构方程模型）分析来对假设进行检验，通过直接影响的标准化系数、t值与p值来判断假设是否得证，并通过间接和总影响的标准化系数来对相应的假设进行更深一步的探索。

4 数据分析

4.1 信效度分析

关于拥挤感的4个维度，以及风险感知和调适行为2个变量的Cronbach's α系数分别为，α总体=0.866，αGRC=0.848，αHC=0.827，αSC=0.892，αIC=0.830，αRP=0.747，αCB=0.744均大于0.7，说明样本具备良好的内部一致性。通过CFA分析发现，模型具有良好的拟合度（表1），在精准配适度方面，$x^2/df=1.163$，RMR=0.42，RSMER=0.021，GFI=0.955，AGFI=0.939；在增值配适度方面，CFI=0.992，IFI=0.992，NFI=0.947，TLI=0.990；在精简配适度方面，PGFI=0.705，PNF=0.772，PCFI=0.809。在三个评价层面，均达到理想效果。各指标的因子载荷均在0.600以上（临界值为0.500），而相应的t值也均在0.800以上，说明量表采用的指标具有良好的效度。

6个潜变量的组合信度分别为，CRGRC=0.736，CRHC=0.702，CRSC=0.884，CRIC=0.915，CRBP=0.851，CRCB=0.745，均大于0.7，AVE值除目标关联性拥挤（0.483）和人潮拥挤（0.440）略低外，其余变量的AVE值均大于理想值0.5，表明由量表形成的潜变量具有良好的内部一致性和聚合效度，各潜变量很好地聚合于相应显变量，模型的观察变量能较好地被结构变量所解释（Li et al., 2015）。

在区分效度方面，每个变量间的标准化路径系数小于0.600，并且每个潜变量的AVE值的均方根均大于各变量间的标准化路径系数（表2），说明潜变量之间有显著区分，各潜变量的大部分信息只能被自身的指示变量解释，与其他潜变量的指示变量相关性极低。综上所述，研究样本具有良好的效度，样本具备较好的验收效度和区分效度。

4.2 架构模型拟合与假设验证

结构模型具有良好的拟合效果，在无需进行修正的情况下，$X^2/df=1.775$（理想值小于5），RMR=0.071（理想值小于0.08），RSMER=0.046（理想值小于0.08），GFI=0.931（理想值大于0.900），AGFI=0.908（理想值大于0.900），CFI=0.958（理想值大于0.950），IFI=0.958（理想值大于0.900），NFI=0.909（理想值大于0.900），TLI=0.949（理想值大于0.900），PGFI=0.696（理想值大于0.500），PNF=0.751（理想值大于0.500），PCFI=0.791（理想值大于0.500），在精确、增值和精简三个配适度方面均有较好的表现，说明理论模型对实证研究数据具有较好的拟合能力。

通过SEM分析，得出假设检验结果（表3）。在假设1方面，H1-1（$\lambda=0.258$，$t=3.292$，$p<0.001$），H1-2（$\lambda=0.394$，$t=5.072$，$p<0.001$），H1-3（$\lambda=0.136$，$t=2.331$，$p<0.05$），H1-4（$\lambda=0.190$，$t=3.169$，$p<0.01$）4条结构路径的检验结果均为支持，且正负相关关系与假设的理论关系相符。即，滑雪者感知拥挤度的4个维度对风险感知均有正向影响，影响力度依次为：人潮拥挤>目标关联拥挤>间接拥挤>空间拥挤。在假设2方面，H2-1（$\lambda=0.245$，$t=3.255$，$p<0.001$），H2-2（$\lambda=-0.112$，$t=-1.488$，p为不显著），H2-3（$\lambda=0.107$，$t=1.939$，p为不显著），H2-4（$\lambda=0.061$，$t=1.073$，p为不显著）4条结构路径中，只有H2-1的检验结果为支持，且在p值小于0.001的水准上显著。但是，感知拥挤的四个维度通过风险感知还产生了0.170、0.260、0.090和0.125的间接影响，使其总影响到了0.415（$p<0.001$）、0.148（$p<0.05$）、0.197（$p<0.01$）和0.186（$p<0.01$）。也就是说，在目标关联拥挤、人潮拥挤、空间拥挤和间接拥挤中，只有目标关联拥挤对滑雪者调适行为直接产生了正向影响，而另位三个维度则是通过感知风险间接对滑雪者调适行为直接产生了正向影响（图3）。在假

表1 验收性因子分析与信度分析结果

变量	维度	代码	指标	因子载荷	t值	AVE / CR / Cronbach's α
拥挤感（congestion perception，简称CP）	目标关联拥挤（goal-related crowding，简称GRC）	GRC1	超出想象	0.680	—	0.483 / 0.736 / 0.848
		GRC2	超出接受程度	0.751	9.298***	
		GRC3	无法达到预期	0.651	9.241***	
	人潮拥挤（human crowding，简称HC）	HC1	乘索道者太多	0.681	—	0.440 / 0.702 / 0.827
		HC2	人员往来过于频繁	0.652	8.459***	
		HC3	因人多导致拥挤	0.656	8.517***	
	空间拥挤（spatial crowding，简称SC）	SC1	空间局促	0.916	—	0.720 / 0.884 / 0.892
		SC2	空间拥挤	0.747	17.043***	
		SC3	空间令人感到窒息	0.873	20.489***	
	间接拥挤（indirect crowding，简称IC）	IC1	索道数量不足	0.882	—	0.731 / 0.915 / 0.830
		IC2	装备租赁窗口不足	0.864	22.209***	
		IC3	餐饮设施不足	0.817	21.610***	
		IC4	卫生间不足	0.851	20.156***	
风险感知（risk perception，简称RP）	—	RP1	身体受伤	0.803	—	0.600 / 0.851 / 0.747
		RP2	情绪不悦	0.756	14.840***	
		RP3	乐趣打折	0.764	15.000***	
		RP4	发生冲突	0.742	14.524***	
调适行为（coping behavior，简称CB）	—	CB1	场所调适	0.739	—	0.493 / 0.745 / 0.744
		CB2	时间调适	0.682	10.698***	
		CB3	活动调适	0.684	10.718***	
模型配适度（model fit）	绝对配适度		x^2/df=1.163, RMR=0.42, RSMER=0.021, GFI=0.955, AGFI=0.939			
	增值配适度		CFI=0.992, IFI=0.992, NFI=0.947, TLI=0.990			
	精简配适度		PGFI=0.705, PNF=0.772, PCFI=0.809			

注释：*** 为 $p<0.001$。

表2 区分效度分析结果

维度	GRC	HC	SC	IC	RP	CB
目标关联拥挤	0.695					
人潮拥挤	0.099	0.663				
空间拥挤	-0.052	0.035	0.849			
间接拥挤	0.022	0.097	0.155**	0.855		
风险感知	0.217**	0.232**	0.154**	0.197**	0.775	
调适行为	0.185**	0.263**	0.128*	0.210**	0.515**	0.702

注释：**. 在0.01级别（双尾），相关性显著；*. 在0.05级别（双尾），相关性显著。

设3方面，$\lambda=0.660$，$t=6.747$，$p<0.001$，这意味着滑雪者的感知风险对其响应的调适行为存在p值小于0.001水准上的显著正影响。

5 结论与讨论

5.1 研究结论

本研究从滑雪者的拥挤感知视角出发，对其相应的风险感知和调适行为进行了研究，通过对实地调查回收的样本进行分析，发现构成拥挤感知的目标关联拥挤、人群拥挤、空间拥挤和间接拥挤4个维度，或直接或间接地对滑雪者的调适行为都产生了正向影响。具体情况如下所示：

第一，目标关联拥挤、人群拥挤、空间拥挤和间接拥挤4个维度均为有效维度，对Absher和Lee（1981）、Hong和Cho（2014）、Kim（2014）等学者的密度理论进行了扩充（Absher et al., 1981; Hong et al., 2014; Kim, 2014），即，滑雪者的拥挤感并不只是源于人流和空间，同时，过高的期待和接待能力不足也是导致拥挤感大幅度提升的重要因素。这也在控制人流和拓宽场地等传统拥挤感管理手段的基础上，在聚焦滑雪者期待和科学配置设施两个角度提供了新的方向。

第二，目标关联拥挤会直接正向作用于风险感知和调适行为，这就意味着拥挤感一旦超出了滑雪者的想象、预期和接受程度，滑雪者会认为，这会使滑雪时的情绪和体验感大打折扣，还会使受伤和与他

表3 假设检验结果

假设		假设路径	标准化系数	t值 C.R.	假设结果	标准化系数	
						间接效应	总效应
H1	H1-1	目标关联拥挤→风险感知	0.258	3.292***	支持	无	0.258
	H1-2	人潮拥挤→风险感知	0.394	5.072***	支持	无	0.394
	H1-3	空间拥挤→风险感知	0.136	2.331*	支持	无	0.136
	H1-4	间接拥挤→风险感知	0.190	3.169**	支持	无	0.190
H2	H2-1	目标关联拥挤→调适行为	0.245	3.255***	支持	0.170	0.415
	H2-2	人潮拥挤→调适行为	-0.112	-1.488	不支持	0.260	0.148
	H2-3	空间拥挤→调适行为	0.107	1.939	不支持	0.090	0.197
	H2-4	间接拥挤→调适行为	0.061	1.073	不支持	0.125	0.186
H3	—	风险感知→调适行为	0.660	6.747***	支持	无	660
模型配适度		绝对配适度	\multicolumn{5}{l	}{$x^2/df=1.775$, RMR=0.071, RSMER=0.046, GFI=0.931, AGFI=0.908}
		增值配适度	\multicolumn{5}{l	}{CFI=0.958, IFI=0.958, NFI=0.909, TLI=0.949}
		精简配适度	\multicolumn{5}{l	}{PGFI=0.696, PNF=0.751, PCFI=0.791}

注释：* 为 $p<0.05$；** 为 $p<0.01$；*** 为 $p<0.001$

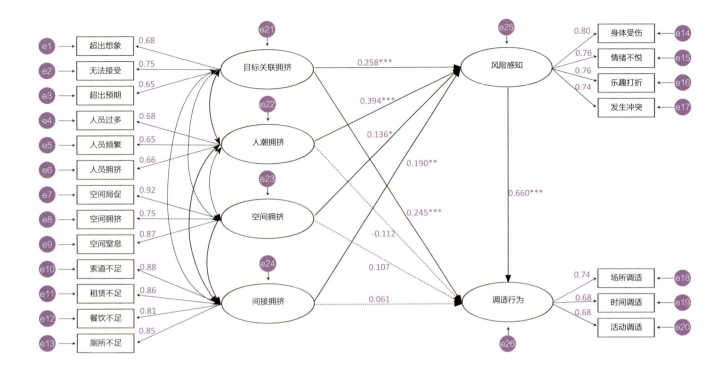

注释：* 为 $p < 0.05$；** 为 $p < 0.01$；*** 为 $p < 0.001$
图3 模型的标准化解

人发生冲突的概率大幅度提升。与此同时，滑雪者还会在活动的时间、方式和场所上做出调整和替代。再次印证了Lee（1997）、Lee（2000）、Lee 和 Graefe（2003）等学者的研究结论，这也意味着体验与期待的差距会降低感知评价，并影响行为这一结论，不仅可以应用于休闲观光领域，在滑雪运动领域也是通用的。

第三，人潮拥挤、空间拥挤和间接拥挤则会直接正向作用于风险感知，并通过风险感知间接驱动滑雪者做出调适行为。即，滑雪者频繁地往来、等待索道与人群密度高导致的拥挤，不仅会使滑雪者感觉本次滑雪时的情绪和体验大打折扣，还会提高受伤和与他人发生冲突的概率，从而促使消费者做出调适行为。该结论与部分学者（Yoon et al., 2014；

Kang et al., 2011）的研究结果相同。但Park（2014）、Kim（2015）等学者则在休闲体育、主题公园和节事活动领域检验了活动参与者拥挤感知促使其做出调适行为驱动性。导致结果差异的原因主要是滑雪运动具有特殊性，滑雪者从到达场地、购买门票、租赁装备、穿戴装备到最终入场，已经消耗了大量的时间、体力和情绪成本。所以，大部分滑雪者不会在支付高昂的成本后，轻易地放弃体验机会、调整体验方式和缩短体验时间。

第四，目标关联性拥挤和风险感知会直接作用于滑雪者的调适行为。即，滑雪者会因与期待不符带来的失望，以及在滑雪过程中存在受伤和与他人发生冲突的风险，而调整自己的活动计划。印

证了Manning（1999）个人对环境拥挤的感知差异会导致其做出回避行为的研究结论。同时，还印证了Sönmez和Graefe（1998）、Kozak等（2007）、Elaine和Siti（2014）等学者的研究结论，这也意味着风险感会促使个体做出调适行为这一规律不仅可以应用于旅游领域，也可以应用于滑雪运动领域。

5.2 管理启示

以上研究结论对景区目的地经营和区域的规划具有一定的指导意义，尤其是提供了得到验证的发展路径。第一，通过多样且有效的信息供给方式提前获悉滑雪场的拥挤程度，不仅有利于消费者提前做好更科学的出行规划，也有利于有效调控滑雪场访问人员数量。第二，

滑雪场设施的完善性和布局的合理性也可以有效地降低滑雪者的拥挤感知，这一路径并不是要降低滑雪场的人员密度，而是使人员能有序地租赁道具、入场、搭乘索道、进行滑雪运动等，通过降低混杂感来降低拥挤感。第三，在确保照明和气象条件安全的前提下，增加滑雪场的经营时间，使滑雪参与者具备一定的时间调整空间，还有利于在时间维度提升滑雪场的承载力。第四，滑雪场应对拥挤，设立相应时间内的多次出入机制，可使滑雪者避开较为拥挤的时间段，自主地选择其他的活动和方式，这样可以有效降低获得不良情绪和体验的风险。第五，区域配套发展，其他户外运动、餐饮和住宿等产业与滑雪场协调发展，不仅可以为因过于拥挤而烦恼的消费者提供更多的项目选择，还可以强化区域竞争力，实现经济和社会效益的双重提升。

基金资助

本研究受济南市社科规划项目"智慧旅游对济南城市国际化的驱动性研究"（JNSK19B34）资助

参考文献

李静, PHILIP L P, 吴必虎, 等, 2015. 雾霾对来京旅游者风险感知及旅游体验的影响：基于结构方程模型的中外旅游者对比研究[J]. 旅游学刊, 30(10)：48-59.

刘艳, 汪彤, 丁辉, 等, 2013. 地铁车站拥挤踩踏事故风险评价DEA模型研究[J]. 中国安全科学学报, 23(10)：100-104.

罗艳菊, 2006. 不同利用水平下游客对游憩利用影响感知的差异：兼谈其对总体满意度的作用[J]. 经济地理, 23(4)：698-701.

吴义宏, 杨效忠, 彭敏, 2014. 主题公园拥挤感知的影响因素研究：以方特欢乐世界为例[J]. 人文地理, 138(4)：119-125.

张圆刚, 余向洋, WONG I A, 等, 2018. 古村落景区游客拥挤感知维度与游憩情绪影响机制研究：以西递、宏村为例[J]. 人文地理, 33(2)：138-146.

周年兴, 2003. 旅游心理容量的测定：以武陵源黄石寨景区为例[J]. 地理与地理信息科学, 19(2)：102-104.

谢彦君, 2005. 旅游体验研究：一种现象学视免的探讨[D].大连：东北财经大学.

张丛文, 2012. 拥挤情境下游客调适行为研究：以西溪国家湿地公园为例[D].杭州：浙江工商大学.

张梵义, 2012. 游客拥挤知觉、情绪反应、调适行为、满意度与忠诚度之研究：以中华恐龙园为例[D].澳门：澳门科技大学.

ABSHER J D, LEE R G, 1981. Density as an incomplete cause of crowding in backcountry settings[J]. Leisure sciences, 4(3)：231-247.

BULTENA G, FIELD D, WOMBLE P, et al., 1981. Closing the gates: a study of backcountry use-limitation at Mount McKinley National Park[J]. Leisure sciences, 4(3)：249-267.

BURRUS-BAMMEL L L, BAMMEL G, 1986. Visiting patterns and effects of density at a visitors' center[J]. Journal of environment education, 18(1)：7-10.

CHUNG N H, KIM H Y, LEE P, 2018. The relationship between NFC quality, satisfaction and behavioral intention in exhibition industry: moderating effect of gender and perceived crowding[J]. International journal of tourism management and sciences, 33(7)：2015-238.

ELAINE Y T C, SITI A J, 2014. Research article abstract only destination image as a mediator between perceived risks and revisit intention: a case of post-disaster Japan[J]. Tourism management, 40(33)：382-393.

EROGLU S A, MACHLEIT K, BARR T F, 2005. Perceived retail crowding and shopping satisfaction: the role of shopping values[J]. Journal of business research, 58(8)：1146-1153.

FORSYTHE S M, SHI B, 2003. Consumer patronage and risk perceptions in interner shopping[J]. Journal of business research, 56(11)：867-875.

GRAMANN J H, BURGE R J, 1984. Crowding perception determinants at intensively developed outdoor recreation sities[J]. Leisure sciences, 1(6)：167-186.

HELBY B, VASKE J J, DONNEL M, 1996. Norms, standards and natural resources[J]. Leisure sciences, 18(1)：103-123.

HONG J Y, CHO Y H, 2014. A study on the impacts of crowding perception and risk perception on intention to play ski: focusing on the ski resort[J]. Journal of tourism sciences, 38(4)：161-183.

HUI M K, BATESON G J, 1991. Perceived control and the effects of crowding and consumer choice on the service experience[J]. Journal of consumer research, 18(2)：174-184.

JUNG H J, 2016. A study on the effects of visit motivation on perceiving crowding, satisfaction, coping behavior, and behavioral intention in tourists: focusing on Korean and Chinese tourists who visited 'E' Theme Park in Korea[D]. Souel: Kyung Hee University.

KANG Y H, CHO W S, 2011. Influence of restaurants' crowdedness in tourist destination on customers' perceived risk[J]. International journal of tourism management and sciences, 25(6): 41–57.

KAYA N, WEBER M J, 2003. Cross-cultural differences in the perception of crowding and privacy regulation: American and Turkish students [J]. Journal of environmental psychology, 23(3): 301–309.

KIM S B, JUNG H J, KIM K U, 2015. A Study on the relationship between perceived crowding, satisfaction, coping behavior, and behavioral intention in Thema Park Visitors: focusing on the Chinese tourists Visiting 'E' Thema Park[J]. International journal of tourism and hospitality Research, 29(9): 65–76.

KIM S B, 2014. Study on the effects of visit motivationon perceived crowding, participation satisfaction, coping behavior and behavior intention: focused on the difference according to the materials of cultural tourism festivals[D]. Souel: Kyung Hee University.

KIM S B, 2014. The effect of visit motivation on perceived crowding, coping behavior and participation satisfaction of visitors to cultural tourism festival: focused on 2013 Cheonan World Dance Festival [J]. International journal of tourism and hospitality research, 28(11): 81–49.

KOZAK M, CROTTS J C, LAW R, 2007. The impact of the perception of risk on international travellers[J]. International journal of tourism research, 9(4): 233–242.

LEE H, GRAEFE A R, 2003. Crowding at an arts festival: extending crowding models to the frontcountry[J]. Tourism management, 24(1): 1–11.

LEE H, 2000. Analysis of causal structure on the formation and influence of crowding perception for winter tourists at a beach resort[J]. Journal of tourism sciences, 23(2): 47–67.

LEE H, 1997. Social carrying capacity of tourism planning at an alternative tourism destination: crowding, satisfaction, and behavior[D]. Pennsylvania: Pennsylvania State University.

LEE S G, OH M J, 2016. Examining the relationships among national park visitors' perceived crowding, emotion, satisfaction, attitude, and behavioral intention[J]. International journal of tourism and hospitality research, 30(11): 121–134.

MACHLEIT K A, EROUGLU S A, MANTEL S P, 2000. Perceived retail crowding and shopping satisfaction: what modifies this relationship[J]. Journal of consumer psychology, 9(1): 29–42.

MANNING R E, 1999. Studies in outdoor recreation: search and research for satisfaction [M]. Corvallis: Oregon State University Press.

PARK S J, KIM J H, YOON J Y, 2014. A meditating role of coping and safety on the relationship between perception of crowding and feelings of enjoyment[J]. Korean journal of sport studies, 53(3): 485–497.

SHELBY B, VASKE J J, HARRIS R, 1988. User standards for ecological impacts at wilderness campsites[J]. Journal of leisure research, 20(1): 245–256.

SHELBY B, VASKE J J, HEBERLEIN T A, 1989. Comparative analysis of crowding in multiple locations: results from fifteen years of research [J]. Leisure sciences, 11(3): 269–291.

SHELBY B, VASKE J J, 1991. Using normative data to develop evaluative standards for resource management: a comment on three recent papers [J]. Journal of leisure research, 23(1): 173–187.

SÖNMEZ S F, GRAEFE A R, 1998. Determining future travel behavior from past travel experience and perceptions of risk and safety[J]. Journal of travel research, 37(2): 171–177.

STOCKDALE J E, 1978. Crowding: determinants and effects[J]. Advances in experimental and social psychology, 11(1): 197–245.

STOKOLS D, 1972. On the distinction between density and crowding: some implications for future research[J]. Psychological review, 79(1): 275–277.

WEST P C, 1982. Effects of user behavior on the perception of crowding in backcountry forest recreation demand[J]. Leisure sciences, 5(1): 1–18.

WILLIAM R S, DAVID B W, 1994. The effect of customer dissatisfaction on store repurchase intentions: a little goes a long way[J]. International review of retail, distribution and consumer research, 4(3): 329–344.

YOON M S, LEE C K, KANG K, 2014. Examining the relationships among the crowding, perceived risk, satisfaction, trust, and support in a festival site: the case of the Seoul Lantern Festival[J]. Journal of hospitality and tourism studies, 57(0): 337–357.

历史街区旅游发展中的弱势群体态度分析和应对建议

Underprivileged Community in Historical District Tourism Development: Attitude and Solution

文 / 杨劲松

【摘　要】

在我国历史街区的旅游业开发过程中,需要关注当地弱势群体的态度。本文系统分析了历史街区旅游发展中的弱势群体态度,并且提出了构建可持续、多元化的就业促进体系,构建系统性、针对性的社会扶助体系,建立有效的维权和信息沟通机制,审慎确定历史街区旅游发展空间和注重本地居民的文化可达性等建议。

【关键词】

历史街区;弱势群体;态度

【作者简介】

杨劲松　中国旅游研究院国际所(港澳台所)所长,副教授,博士后合作导师

1 需要关注历史街区旅游业发展过程中的当地弱势群体

国际古迹遗址理事会的《华盛顿宪章》认为历史街区是"城市中具有历史意义的大小地区，包括城市的古老中心区或其他保存着历史风貌的地区"（图1）。这些街区往往在小范围内聚集了相当数量的历史建筑，"不仅可以作为历史的见证，而且体现了城镇传统文化价值"。

作为不可复制、不可再生的文化资源，历史街区集中体现了我国传统的生产方式、生活方式、文化习俗和社会结构，具有极高的保护价值和旅游价值。自20世纪80年代末至今，历史街区旅游在我国悄然兴起并蔚然成风。随之而来的，是一些地区相继出现的传统风貌丧失、社会分化突现、社区人口置换、过度商业化等诸多问题，其中，历史街区的弱势群体因难以有效参与旅游发展而引起了广泛关注。

社会弱势群体（social vulnerable groups），也叫社会脆弱群体、社会弱者群体。2002年《政府工作报告》中，使用了"弱势群体"概念，下岗职工、进城农民工、失学儿童、老弱病残和"体制外"人士等均包含在内。

陈成文（2000）认为社会弱势群体"是一个在社会资源分配上具有经济利益的贫困性、生活质量的低层次性和承受力的脆弱性的特殊社会群体"。在将历史文化街区作为目的地发展旅游的过程中，与一般居民相比，他们更难以获取旅游业带来的益处，也更容易受到旅游业发展带来的负面影响和冲击。

西蒙（1994）认为社区居民有权利参与社区旅游规划、开发与管理。随后研究内容迅速扩展，社区参与的机制和内容成为研究热点，发展中国家和地区以及与弱势群体紧密相关的旅游扶贫成为重要的研究对象。约瑟夫（2003）对博茨瓦纳旅游地和杰弗里（2007）等对肯尼亚旅游企业发展的研究集中表现了这一趋势。聚焦弱势群体参与情况的研究面临的主要问题是"参与失衡"和"参与失效"。突出表现在旅游业上为外来资本控制、漏损问题严重，当地弱势群体所获利益有限；"飞地"现象突出，旅游目的地几乎与周围"绝缘"（图2）。保继刚等（2006）总结出影响社区旅游发展的关键因素，社区参与的有效性不仅与社区的内生变量有关，还受制于诸多外部因素，这些因素相互叠加共同发力，具体包括人口统计特征、个体因素、组织设计和社会文化等。但相关研究更多地集中在乡村旅游和生态旅游方面，城市旅游目的地特别是历史街区少有涉及。和国外研究发展的脉络相似，国内相关研究也大部分聚焦在边远乡村和自然保护地，城市涉及较少，保继刚（2002）和吕君（2010）的研究也证实了这一点。在旅游发展过程中弱势群体获取的社会支持方面，Cobb（1985）、黄秀琳（2010）、周亚（2010）和王德刚（2012）等学者的研究多集中于旅游者中的弱势群体支持，而目的地弱势群体几乎未涉及。

综上所述，当前弱势群体在旅游业发展中的社会支持研究偏重于旅游者而忽视了旅游地居民，偏重于偏远乡村而忽视了城市。事实上，城市历史街区往往是"文化高地"与"经济洼地"的混合体，此地居民往往属于弱势群体，他们的诉求一方面与开发成本有关，另一方面又和旅游产品的文化内核、创意生成及可持续性有关，可以说在一定程度上决定了旅游业发展成功与否。而当前，研究的缺失使得在弱势群体参与旅游业发展的社会支持方面难以形成系统性认识，研究才刚起步。

图1　北京前门大栅栏夜晚熙熙攘攘的人流　　　　图片来源：摄图网

图2 福州三坊七巷街景　　图片来源：摄图网

2 历史街区旅游发展中的弱势群体态度分析

历史街区旅游发展中的弱势群体态度分析，可以在社会交换理论框架下进行。社会交换理论假设所有人类关系的基础是主观上的成本—收益分析（Emerson，1976）。成本是个人或者群体主观知觉到一段关系所带来的负面要素，比如时间、金钱或者努力；而收益则指个体知觉到该关系所带来的利益，可以是经济形式的金钱或者非经济形式的支持、陪伴等。两者的比较决定了态度的指向，收益大于成本则态度为正，收益小于成本则态度为负，据此可以预测态度的变化趋势。指向为正，那么人们更可能去维护这段关系；如果指向为负，那么人们更可能终止这段关系。

前面的分析已经指出，相比其他人群，当地弱势人群在历史街区旅游业发展过程中往往处于更为不利的地位，没有与各种社会经济资源形成有机的联结，易受到负面影响和冲击，难以抓住和享受旅游业发展带来的利益，同时也对获取社会支持有着更多的渴求。

事实上，在历史街区旅游业发展过程中，当地弱势人群的原有岗位由于产业变化和调整而消失，需要新的有效的就业机会支撑。然而，由于教育、专业背景、家庭负担乃至体力等条件的限制，适宜的就近就业机会较缺乏。旅游业的发展，又使居民以往包括住宿、日常消费和商业服务在内的较低生存成本提高，结果会使得弱势群体容易对历史街区发展旅游业的态度趋于负面。

3 历史街区旅游发展中改善弱势群体态度的外部介入

在扶助资源投入的过程中，由于弱势群体能力有限，成效的产生较其他群体也更为困难，速度较慢，在比较"成本—收益"的过程中，如果仅凭历史旅游街区发展的自发进程和弱势群体的个体力量来提升收益和缩减成本，是不现实的。这时，更需要政府等相关方的介入和扶持。因此，在弱势群体对旅游业发展态度形成的过程中，有必要重视政府和有能力群体的实质性参与（表1）。

表1 影响态度优化的"外力"支撑体系示意

政策指向	子政策指向	影响方向	释义
政府作为	顶层设计与政策引导	正向或负向	相应政府层级是否建立针对弱势群体参与历史街区旅游发展的基本制度体系
	社会保障	正向或负向	基本社会保险、社会优抚、社会救助的制度和运行模式是否考虑到针对对象参与旅游发展的情景,以利于改进其参与环境
	财税优惠	正向或负向	相关财税政策和运行模式是否考虑到针对对象参与旅游发展的情景,以利于改进其参与环境
	规划支持	正向或负向	在历史街区旅游发展规划中是否考虑到当地弱势群体并积极为其提供参与条件
	外来智力支持	正向或负向	外来智力投入时是否对当地弱势群体有所聚焦
	创业孵化政策	正向或负向	创意孵化政策和运行模式是否考虑到针对对象参与旅游发展的情景,以利于改进其参与环境
	营商环境改善	正向或负向	营商环境优化政策和运行模式是否考虑到针对对象参与旅游发展的情景,以利于改进其参与环境
	基础设施优化	正向或负向	基础设施优化进程中是否充分吸收弱势群体意见,并对其参与旅游发展情景有所考虑,以利于改进其参与环境
	拆迁补偿	正向或负向	拆迁补偿进程中是否充分吸收弱势群体意见,并对其参与旅游发展情景有所考虑,以利于改进其参与环境
	就业促进政策	正向或负向	就业促进政策和运行模式是否考虑到针对对象参与旅游发展的情景,以利于改进其参与环境
	相关话语机制完善程度	正向或负向	相关意见的表达通道和面对不公待遇时是否有有效的沟通渠道
优势群体作为	旅游企业扶助弱势群体态度	正向或负向	企业文化、章程、岗位设置、人力资源选聘和教育培训、扶助政策等方面是否表现出对弱势群体扶助的积极态度
	社区高能力人士扶助弱势群体态度	正向或负向	社区意见领袖等较高能力者是否愿意投入自身资源以便于弱势群体参与当地旅游开发
	来访旅游者扶助弱势群体态度	正向或负向	来访旅游者在选择历史文化街区相关旅游服务时是否愿意更关注当地弱势群体
	非政府组织扶助弱势群体态度	正向或负向	非政府组织是否愿意投入资源以便于弱势群体参与当地旅游开发
	金融机构扶助弱势群体态度	正向或负向	金融机构是否愿意在授信、利率、便利程序、保险等方面为弱势群体创业就业提供便利
	其他机构扶助弱势群体态度	正向或负向	其他相关机构是否愿意投入资源以便于弱势群体参与当地旅游开发
	相关话语沟通机制完善程度	正向或负向	相关意见的表达通道和面对不公待遇时是否有有效的沟通渠道

基于此,将影响弱势群体对旅游业发展态度的因素分为:

第一,政府构建的历史街区旅游发展政策框架需要考虑各方面的诉求和利益,特别要保障弱势群体的利益,使他们能够有机会享有旅游发展带来的利益,实现自身价值。这些政策包括人力资源培训、知识文化传播、临时困难救助、设立爱心慈善基金、公共物品建设等。

第二,在历史街区旅游发展过程中,相对优势群体能够有意识地扶助弱势群体,如针对弱势群体提供合适的工作和培训机会、工作岗位优先录取、产品设计和规划扶助、定向采购等。

第三,弱势群体有可以依靠的权利保护机制和维权机制,与相关方的信息交流渠道畅通。

政府在弱势群体社会支撑中发挥着关键性的主导作用,相关政策体系考虑到弱势群体利益,秉承历史街区旅游可持续发展的理念至关重要。在这个大背景下,需要从利益相关者角度通盘考虑。不仅相关利益主体都能够从历史街区的旅游发展中获益，同时弱势群体的利益也必须得到充分的考虑。政策设计需要鼓励考虑到弱势群体诉求的"外力"支撑，鼓励其释放善意的举动。同时要有足够完善的弱势群体维权机制，能够及时了解情况，与相关方沟通，对触犯、侵害弱势群体利益的行为进行有效的惩戒。

4 历史街区旅游发展中弱势群体态度的调适建议

如果能够厘清影响弱势群体在历史街区旅游业发展过程中的相关因子，明晰"经济类收益—成本"和"非经济类收益—成本"的关系，就有可能提升扶助的针对性和有效性。也要注意到，社会交换理论强调个体主观知觉到的价值，这和旅游业能够带给他们的实际价值明显有别。这也给我们两点启发：一方面，在历史街区旅游业发展初期要对弱势群体解释清楚可能给他们带来的收益，避免产生不切实际的高期望，从而导致他们将来失望，形成难以控制的负面态度；另一方面，由于所处环境的局限，弱势群体往往只可能"顾眼前"，对长远无感，也容易低估甚至难以感受旅游带给他们的利益，特别是非经济利益。因此，需要有效整理与之相关的信息，并且通过恰当的途径适时公开。

总的来看，对历史街区旅游业发展的态度实际上取决于弱势群体的切身感受，这种切身感受的提升尤其需要系统性的合力扶助和调整。

4.1 构建系统性针对性的社会扶助体系

将历史文化街区的旅游业发展与社会公益事业结合起来，营造良好的社会环境。积极引导企业和高能力人群向弱势群体捐赠财物，多花费时间、精力，进行知识输出等。公益活动的内容包括景区服务、知识传播、社会援助、公共福利、环境保护、帮助他人、社会治安、青年服务、慈善捐赠、社团活动、紧急援助、专业服务、文化艺术活动、国际合作等。

在此过程中，需要重点构建可持续、多元化的就业促进体系。就业是最大的民生，坚持就业优先战略和积极就业政策，实现历史文化街区居民更高质量和更充分的就业，包括提供涵盖以招聘服务、人事代理发展到培训服务、劳务派遣、就业指导、人才测评、管理咨询和人力资源服务外包等多种业务在内的多元化人力资源服务。与发展旅游业的产业需求对接，构建零距离就业服务体系，积极做好帮扶就业困难群体工作，为低保户家庭、低保边缘家庭以及残疾人提供一对一服务。探索聚焦弱势群体的"就业援助""专场招聘"等，建立网络服务系统，尽最大可能帮助就业困难群体实现再就业。

4.2 建立有效的维权和信息沟通机制

向弱势群体提供法律服务，宣传易理解可接触的法律知识，增强法律意识和灌输维权观念，不仅有利于老百姓监督政府行政官员，也有利于规范其自身行为。同时向弱势群体提供维权服务，发挥公民组织在基层工作中的辅助作用，这对政府基层善治与可持续旅游开发有积极的意义。

比如在处理拆迁问题时，需要认真做实拆迁工作，合理赔偿当地居民的经济损失。历史街区旅游开发中难免涉及拆迁问题。一方面要发展；另一方面不能以发展为借口，损害当地居民利益。需要化解历史文化街区拆迁可能发生的各种矛盾，消除当地居民的误解，其中土地赔偿工作显得格外重要。现有的拆迁政策已经日趋完善，基层政府应该严格按照国家制度操作。在做实拆迁工作过程中，需要与涉及的居民有充分透明的信息交流和沟通，将拆迁工作与其未来的职业生涯和社会保障有机结合起来，最大限度地保障当地居民特别是弱势群体的利益。

4.3 调整历史街区的人口结构

全球化浪潮的冲击和随之而来的生活方式变迁，使得仅靠原住民或在地弱势群体传承历史街区文化或多或少有点力不从心，如此大任需要包括原住居民、文化爱好者、专家学者、企业家和志愿者等多方人士同心协力方能完成。走到一起的基本前提是历史街区人口结构的调整。一方面，需要提供足够的激励提高弱势群体的居住流动性，破解人口疏散问题；另一方面，吸引创意阶层和少数中高收入阶层居民入住历史街区，增加人群多样性，由此有机会产生愈益完善的社会和经济联系，加强不同阶层的相互依存，强化认同感和归属感。通过补贴中低收入阶层居民，确保历史街区有不同阶层的住宅及商业服务类型，保留足够数量的原住居民，以

图3 澳门历史文化街区　　　　　　　　　　　　图片来源：摄图网

图4 俯瞰鼓浪屿　　　　　　　　　　　　　　　图片来源：摄图网

中产阶层为主导，多阶层混居，遏制并最终扭转社区衰败的趋势。

4.4 审慎确定历史街区旅游发展空间

第一，深入调查历史街区现状，根据建筑历史文化价值和保护状况划定重点保护区和建设控制地带。

第二，从旅游发展角度看待和利用历史街区建筑，为旅游业发展预留空间（图3）。正式确定可改造区域，融入新的设计理念，并且合理解读作为传统文化载体的传统建筑。以发展眼光审视，有计划地实现产业的融合聚焦。把相互关联、地理位置又相对集中的若干旅游企业和机构集聚在一起，形成群体竞争优势和集聚发展的规模效益。

第三，注重土地的混合利用。既通过改造更新过时的建筑物和基础设施获取新的城市功能，又考虑到居住用地与学校、小型绿地、日常用品商店的和谐共处，增加面向当地的就业机会。为了使历史街区成为具有吸引力的居住和创意场所，需要将交通、居住、工作和休闲等功能通过土地的混合利用结合在一起，并且支持本地服务（图4）。最终在维持历史居住区小尺度公共空间和传统小型商业传统物质环境的前提下，创造丰富的居住环境，形成强烈的社区归属感和安全感。

在此过程中，需要在优化设施建设上做更多文章，包括加强公共基础设施建设，多方引资提升旅游开发基础条件。可以借鉴国外经验，多方引资优化历史文化街区公共基础设施，适应差异化、分散化、多样化保护更新的特点，实现基础设施资金投入的可持续化，将旅游发展与居民生活条件的改善有机结合起来。

第四，注重本地居民的文化可达性。结合历史街区公共空间和社区文化设施的建设，提高当地不同阶层对社区文化活动的兴趣和可达性，促进不同阶层交流和融合。

第五，注重公共空间的重要性。公共空间是当地居民日常交流的主要场所，具有延续当地文化个性的作用，是稀缺的文化资源。从规划设计上改善历史居住区的公共空间环境质量、重视当地公共空间的营

图5 三坊七巷的休闲空间　　　　　　　　　　　　图片来源：摄图网

造，提高文化活力，鼓励居民在当地进行休闲活动。

在休闲性公共空间方面，历史街区以休闲功能为主的公共空间不能再面向城市尺度、着眼于为整个城市的居民和游人服务，而忽视当地需求。当地需求是第一位的，公共空间应定位于社区尺度。保障休闲性公共空间，促进当地居民交往，以人为本（图5）。同时，要有意识地增加小型健身或停留场所，结合环境小品设计，为历史街区居民增加户外活动时间和频率创造条件。

基金资助

北京市社会科学基金项目"北京历史街区旅游发展过程中的弱势群体社会支持研究"（16GLB029）

参考文献

保继刚，文彩，2002. 社区旅游发展研究述评［J］. 桂林旅游高等专科学校学报（4）：13-18.

保继刚，2006. 社区参与旅游发展的中西差异［J］. 地理学报（4）：401-413.

陈成文，2000. 社会弱者论［M］. 北京：时事出版社.

黄秀琳，2010. 惠众与公平：未来旅游发展的终极诉求［J］. 中国软科学（8）：65-71.

吕君，吴必虎，2010. 国外社区参与旅游发展研究的层次演进与判读［J］. 未来与发展（6）：108-112.

王德刚，2012. 旅游公平论［J］. 中大管理评论（1）：1-12.

周亚，2010. 特殊群体旅游问题研究［D］. 重庆：重庆师范大学.

COBB S, WILL T A, 1985.Stress,social support and the buffering hypothesis［J］. Psychological bulletin, 98(2): 310-315.

EMERSON R M, 1976. Social exchange theory [J]. Annual review of sociology (2): 335-362.

JOSEPH E M, 2003. The socio-economic and environmental impacts of tourism development on the Okavango Delta, north-western Botswana [J]. Journal of arid environments, 54(2): 447-467.

MANYARA G, JONES E, 2007. Community-based tourism enterprises development in Kenya: an exploration of their potential as avenues of poverty reduction [J]. Journal of sustainable tourism, 15(6): 628-644.

SIMMONS D G, 1994. Community participation in tourism planning [J]. Tourism management, 15(2): 98-108.

三亚拥有优质的滨海资源（柏悦酒店）

旅游容量与目的地管理
Tourism Carrying Capacity and Destination Management

	何 欢	徐红罡	候鸟群体流动性对城市旅游与管理影响探究：以海南省三亚市为例
	王佩瑶	郭晶晶	过度旅游与目的地生态修复：意大利威尼斯案例研究
潘运伟 王克敏	常雪松	王彬汕	颐和园客流超载管理的规划实践
	韩林飞	方静莹	国家公园如何交"疫考"答卷：适度容量下的国家公园保护与规划研究
	刘志敏	宫连虎	适度容量概念下的旅游规划与实践：以贵州省贵阳市青岩古镇为例

徐晓东/摄

候鸟群体流动性对城市旅游与管理影响探究：以海南省三亚市为例

The Impact of Seasonal Migrants and Mobility on Urban Tourism Management: A Case Study of Sanya, China

文 / 何 欢　徐红罡

【摘　要】

流动性是现代社会的重要特征之一。随着社会流动的不断加剧，城市旅游业也面临着新的困境。与传统观光客不同，候鸟群体流动的"季节性"模糊了游客与居民原本二元对立的身份差异。游客与居民间冲突的加剧给城市公共管理提出新的挑战，有关"流动正义"的议题开始受到社会与学界的关注。在此背景下，本研究以海南省三亚市为例，通过质性研究的方式，探讨候鸟群体季节性流动及过度旅游现象对城市旅游与管理的影响。研究发现：（1）流动始终贯穿三亚市过度旅游现象形成的全过程；（2）对城市公共资源的竞争成为候鸟群体与本地居民之间冲突的焦点；（3）简单限制流动并不能有效地解决这一问题，城市对流动的管理应采取更系统化、多样化的方式。

【关键词】

候鸟群体；过度旅游；流动正义；城市管理

【作者简介】

何　欢　广西旅游规划设计院旅游规划师

徐红罡　中山大学旅游学院教授

1 引言

流动性（mobility）已经成为现代社会的重要特征之一。随着城市交通设施与信息通信技术不断革新，全球化进程不断加快，人、物、信息快速流通成为现代社会的常态。一方面，这种流动常态为城市旅游业发展与城市管理带来全新的挑战。伴随着游客的到访，资金、信息、技术流入城市，不断扩大的旅游市场有效地促进了城市经济增长。另一方面，流动常态的形成使城市面临着新的挑战，以常住人口规模为基数进行实践的传统城市规划与管理方式，在面对流动人口短期内大量涌入或周期性流动时，难以解决出现的住房资源短缺、公共交通拥挤、环境遭受破坏等城市病问题。

旅游作为现代城市人口流动的主要形式之一，其带来的流动使城市从居民生产生活空间向消费空间转变。当城市管理难以应对旅游的流动时，过度旅游（overtourism）现象随之产生。世界许多著名的旅游城市如威尼斯、巴塞罗那、罗马等，均出现了过度旅游的现象，居民与游客之间的冲突不断加剧，甚至出现旅游恐惧（tourimphobia）与反旅游运动（anti-tourism movement），曾经被认为是有效促进经济增长和解决城市就业问题的旅游业为目的地城市带来了一系列的社会问题（Séraphin, 2018）。随着旅游目的地城市对流动管理的重视，"流动正义"这一话题也开始受到学者的关注与讨论。

过度旅游现象通常被认为是由短期流动的观光客或者一日游客（day tripper）所引起的，他们数量庞大、流动频率快、停留时间短，给当地社区带来较大负面影响（Milano et al., 2017）。候鸟群体的流动同样会引起过度旅游现象。以中国海南省三亚市为例。三亚作为气候宜人的滨海度假旅游城市，其流动人口中候鸟群体占相当大的比例。根据异地养老协会统计，每年都有30~40万的候鸟群体到访三亚市。候鸟群体的到来，使三亚市出现物价上涨、城市公共资源竞争加剧、居民对游客与旅游业产生负面情绪等现象。而候鸟群体还具有区别于观光客的特征，他们客源地相对集中、停留时间更长、流动呈现季节性，因此引起的过度旅游现象在峰值时长与剧烈程度上也更为突出。事实上，不论是观光客还是候鸟群体，流动性所引起的过度旅游现象已成为旅游城市管理迫切需要解决的问题。

值得注意的是，过度旅游不仅仅使本地居民成为受害者，游客同样也受到影响。想要解决过度旅游的问题，就需要正视流动性给城市管理带来的新挑战，了解流动是如何影响城市旅游与管理的。因此，本文旨在通过研究候鸟群体的流动性，揭示城市管理对流动性考虑得不充分所引发的问题，并在梳理流动性与城市过度旅游关系的基础上，尝试进一步讨论与流动正义相关的问题。在实践层面，本研究也为城市旅游规划与城市公共管理的改进提供参考。

2 文献综述

2.1 过度旅游

过度旅游的概念在学术研究中并没有得到明确的统一，但近年来它愈发频繁地出现在行业报告与新闻报道中（Koens et al., 2018）。在报道中，过度旅游通常被描述为由于到访游客数量庞大而引起的一系列负面现象，如环境受到破坏，居民感到沮丧、愤怒抗议或是被迫选择离开旅游地等。世界旅游组织（UNWTO）在报告中将其定义为：由旅游目的地或目的地中的区域引起的，为城市居民生活质量或游客旅游体验带来的极度显著的负面影响（Maxim et al., 2019）。维基百科词条则将其归纳为：本地居民与游客在旅游目的地中发生冲突的情况，它并非一定由庞大的游客数量所导致，但在过度旅游现象中往往可以观察到居民将游客视为一种滋扰。可见，过度旅游被视为旅游业中存在的一种负面现象，表现为由旅游引起的一系列负面影响（如环境破坏、交通拥挤、物价上涨等），致使居民对游客与目的地旅游业持负面态度，并以出现居民自发组织的抗议活动为标志。

尽管过度旅游这一概念近几年才被提出，但它所描述的现象在旅游目的地中存在已久。随着威尼斯、巴塞罗那、罗马等城市出现过度旅游现象，这一概念与承载力、大众旅游等概念联系起来（Séraphin et al., 2018）。尽管存在相似之处，但过度旅游与城市承载力（carrying capacity）仍有所差异，后者强调的，是在一定时空条件和资源禀赋下目的地环境容量上限的问题（石忆邵 等，2013）；而前者则更多地针对目的地居民与游客之间的关系，以及双方冲突所引起的一系列后果展开讨论。

Hugues Séraphin（2019）等学者的研究指出，流动是引发过度旅游现象的原因之一。通常情况下，依据不同的内外部条件，城市居民对旅游业会持有不同的态度，当旅游发展导致目的地交通阻塞、商店拥挤、犯罪率升高，居民的"日常生活"受到干扰时，会对游客和旅游业持负面态度（王莉 等，2005）。George Doxey（1975）在其"愤怒指数"（Doxey's irritation index）模型中也指出，居民对旅游业的态度是会随着游客数量的增加而发生改变的，当游客数量超过目的地承载力时，居民所感知到的旅游业的成本将大于其收益，对旅游业的态度将会从最开始的兴奋与支持向不满与反对转变。而在过度旅游的情境下，流动使游客进入居民长期居住的地理空间，形成空间资源竞争加剧的局面，使旅游城市交通拥挤、物价上涨，等等（查瑞波 等，2018）。相比旅游所带来的收益，这些负面影响更容易被居民所感知（McKercher et al.，2015）。这种由公共资源的竞争所引起的不公平感与压力感，转变为居民对旅游业表现出的负面情绪（Jordana et al.，2019），从而逐步发展为过度旅游。

与此同时，旅游目的地公共服务与管理的失位，也让游客感受到不公。例如，由于没有做好应对游客流动的疏导工作，目的地过度拥挤，使游客的旅游体验变差、满意度大大降低（绍娥 等，2019）。而相对于居民所享有的各类资源服务与优惠政策，例如公共交通优惠、景区景点票价优惠、医疗便捷等，流动的游客只能部分地享有这些利益，这种不公平感也进一步加剧了他们与本地居民间的冲突矛盾。

此外，Hugues Séraphin（2018）等学者指出，游客通常在目的地城市的旅游区内活动，与本地居民深入接触的机会少。由于缺乏交流，游客与居民对彼此间的文化、习俗、生活方式不甚了解，更容易产生误解。而居民通过新闻报道了解游客的旅游活动时，往往偏向于关注不文明行为事件，这强化了游客在居民感知中的负面形象（文彤 等，2009）。双方对彼此的误解，更容易使双方发生冲突。

2.2 流动正义

除了空间竞争、管理失位、缺乏交流等因素外，流动的权利问题也同样会使居民与游客双方产生不公平感，从而加剧过度旅游所带来的负面影响。学者 John Urry（2013）在讨论现代社会的流动性时，提出流动正义（mobility justice）这一概念。学者 Mimi Sheller（2018）在 Urry 的理论基础上，在其著作《流动正义》（*Mobility Justice*）中较为系统地讨论了流动中的正义问题。她强调，流动过程中同样存在着各主体间权利不平等与资源分配不均的问题，并且指出流动本身作为一种象征自由的权利，在不同流动主体中，本身就是不平等的。在是否选择流动、如何选择流动方式与流动目的地方面，游客与居民处于不对等的地位。

以游客为例，游客的流动需要以时间与金钱作为成本，但由于目的地服务与管理缺位，游客在支付了流动成本后，却并不一定能获得由目的地提供的与当地居民相同的资源与服务。对于游客而言，旅游景区的物价通常高于居民生活区的物价水平，在交通、安全保障、医疗资源等方面也与居民所获得的有所差异。城市中移民空间的出现，便体现了这种不平等的状态（Brøgger，2019）。

在以往的城市管理研究与空间正义的视角下，针对游客的到访，学者们主要仍围绕"旅游城市承载力""资源分配"等问题展开讨论。而在流动正义的议题下去看待过度旅游的现象，则应更多地去讨论"不同群体流动的自由度特征""游客的流动会带来怎样的公平问题""居民是否应拥有拒绝游客流入目的地的权利"等问题。可以从另一个切入点去思考旅游城市目的地公共服务与管理的改进方式。从这种流动性的视角可以更充分地理解过度旅游现象，从而进一步思考旅游城市管理问题是否存在新的解答。

2.3 候鸟群体

候鸟群体也被称为"候鸟式"异地养老群体或"候鸟老人"，并没有统一的正式名称。学者吴悦芳和徐红罡（2012）在对国内外第二居所旅游研究进行综述的基础上，指出在短时性旅游与永久性移民之间的流动性谱系中，还存在多种形式的旅行和移民行为，候鸟群体的季节性迁移便是介于观光与永久移民之间的流动方式。

正如引言中所述，候鸟群体的流动具有区别于观光客的特点，对目的地的影响也与大众旅游存在异同之处。候鸟群体有着独特的人口统计学特征与流动特征，到访三亚市的候鸟群体主要为离退休老人。他们大部分来自东北三省，出于度假与康养的需求，希望在冬季时躲避家乡的寒冷气候，因此每年入冬时来到三亚，待气温回升后再返回故乡，其流动呈现出往返性与季节性。候鸟群体的老年人通常能生活自理并具有一定的经济基础，相比"原地养老"的老年人而言，候鸟群体的老年人更具有消费能力（李雨潼 等，2018）。候鸟群体的消费习惯与消费喜好对迁入地的整体消费结构和物价水平有显著影响（黎莉 等，2015）。除了进行异地养老的老年人，到访三亚市的流动群体还包括照看老年人的家庭成员，以及服务于老年人的外地打工群体等，他们的流动围绕着候鸟群体，同样也呈现出往返性与季节性的特征。

伴随着候鸟群体的不断流入与规模的不断扩大，三亚市开始出现过度旅游的现象。除了物价上升、城市公共资源竞争加剧、交通拥堵等外，最显著的便是三亚市居民对候鸟群体及与其相关的旅游产业产生强烈的不满和抵抗情绪。候鸟群体尽管比观光客拥有更多与居民接触的机会，但由于文化背景、生活习惯的差异较大，他们与本地居民相互之间缺乏认同感。对于居民而言，候鸟群体带来的影响是显著的。在每年10月至来年3月这段候鸟流入的时间段内，三亚市的医疗资源、住房资源以及公共交通资源都处于紧缺状态。同时城市物价水平也呈现季节性偏高的特征，除蔬菜瓜果等农产品价格变化明显外，房价也在不断上涨（李雨潼，2018）。居民感受到来自旅游业的成本大于收益，便由此产生了不公平感（宣国富 等，2002）。此外，到访三亚市的候鸟群体同样也面临着异地就医、就业、住房困难等问题（侯慧丽 等，2019）。随之而来的便是双方冲突不断加剧，矛盾不断升级，出现本地居民聚众抗议、在网络平台公开发表反对游客到来的言论以及抵触当地旅游业继续发展的情况，呈现出较为典型的过度旅游的特征。

3 实证研究

3.1 研究方法

本文研究采用质性研究的方式，主要包括文献法、非参与式观察法与半结构式访谈法。

文献法主要包括对相关信息的收集与整理，旨在对三亚市候鸟群体与三亚市过度旅游的情况有一个大致的掌握。同时阅读与之相关的理论文献，确定这一问题的研究视角与理论基础。在初具理论基础的前提下，通过实地调研收集质性材料，从而对理论进行实证与完善。研究者于2019年1月12日–1月24日期间前往三亚市吉阳区进行实地调研，对候鸟群体、服务于候鸟群体的旅游从业者、候鸟群体的协会管理人员、本地居民、与候鸟群体相关的城市管理人员共23人，进行了时长20~90分钟不等的半结构式访谈，并简要观察和记录候鸟群体在三亚市的时空行为。随后，研究者对调研信息数据进行分类编码整理，与文献法所收集的资料信息相互印证，归纳总结得出调研发现并对其展开讨论，最终得到研究结论。

3.2 案例地介绍

三亚市位于海南省最南端，终年气候温暖，拥有优质的滨海度假资源，是我国标志性的旅游度假城市（图1）。三亚市在打造国际化度假目的地的进程中，成为候鸟群体迁入时间最早、规模最大、城市流动人口占比最高的城市。早在2000年前后，就已经有候鸟群体到三亚市避寒度假，随后人数逐年缓慢增长。2010年，随着海南省国际旅游岛建设正式步入轨道，三亚市候鸟群体数量迅速增加。2010年，三亚市流动人口总数量为20.01万人，其中省外流入的人数为12.13万人，同年的常住人口为68.54万人，当时候鸟群体与常住人口的比例约为1∶6。到了2016年，三亚市的候鸟群体数量已逐步稳定至每年30~40万人，同年的常住人口数量为75.43万人，这一比例迅速提升至近1∶2。与此同时，三亚市的酒店住宿业也得到空前的发展。而后每年高峰期逾40万候鸟群体的到访使三亚市曾出现当地居民在海月广场组织自发性抗议的情况，而居民与游客之间的个体冲突也屡见不鲜（王郅强 等，2019）。候鸟群体的庞大数量、城市酒店住宿业的蓬勃发展、物价水平的迅速抬升、交通的拥挤、对城市资源的激烈竞争，以及反旅游运动的出现，都标志着三亚市出现了过度旅游的现象。

4 研究发现

4.1 流动贯穿了三亚市过度旅游现象形成的始终

清平乐小区是三亚市较早一批成为候鸟群体第二居所的小区之一。通过对一期楼盘的户主以及三亚市异地养老协会管理人员的访谈,研究者了解到,候鸟群体为了躲避家乡寒冷的气候,会选择在冬季时南下,前往广东、广西、云南、福建等地区进行观光旅游,并在旅游过程中寻找气候适宜且房价相对便宜的地区,作为离退休后进行养老的地点。三亚市具有常年温暖宜人的气候与优美的环境,且在经历了20世纪90年代的泡沫经济后,房价相对低廉,因此成为候鸟群体养老目的地的绝佳选择。由于存在文化观念、社会网络、户籍管理、就医不便等众多影响因素,候鸟群体并非选择永久移民,而是选择以度假的形式每年冬季流动至三亚市。

"当时是我闺女来这儿旅游,瞧见了这里有房子,环境条件不错还便宜。她年年都要来,然后就跟我说要不买个房子让我过来住。2010年的时候我第一次过来,就住上了。"(E05,女,常住北京,离退休人员,第九年来三亚市过冬,清平乐小区一期业主)

"我今年是头一年来,上海也去过,去了好多地方……因为我们那边冬天很冷,身体不好在冬天

图1 三亚拥有优质的滨海资源

徐晓东 / 摄

就很难受，所以冬天都不在家待着……因为亲戚朋友推荐，所以就过来看看。气候环境确实不错。"（E06，男，常住黑龙江，离退休人员，第一年来三亚市过冬，在清平乐小区一期租房）

随着人的流动，信息的流动促使更多有养老度假需求的人也开始到访三亚市，候鸟群体规模不断扩大。在口碑效应的影响下，信息的传播速度迅速加快，传播范围也迅速扩大，候鸟群体地域范围从早期的东三省逐渐扩大到京津冀地区以及新疆地区。随着候鸟群体数量不断增加，外界的资金也开始向三亚市流动。投资者们开始投资服务于候鸟群体的产业，逐步形成候鸟养老公寓群与候鸟社区，如白鹭公园附近的港门村与海月广场周边的城中村中分布着较为集聚的候鸟养老公寓，以及东方卓玛小区、清平乐小区、亚龙湾公主郡等以候鸟群体居民为主的社区。除了有住房需求外，出于对健康与运动的需求，流动到三亚市的候鸟群体有着较为强烈的出行意愿和充足的闲暇时间，这也刺激了本地旅游市场的发展，一日游、周边游、返乡游等针对候鸟群体的旅游产品应运而生。尽管已经出现旅游乱象与居民反对的声音，但投资者对候鸟群体的养老市场仍充满信心。

"我对这个市场是有信心的……中国老龄化多快啊！那是你想象不到地快，等我们这个年代的人老了，你想象一下得有多少老年人，年轻人现在负担重，你自己算一算，爷爷、奶奶、姥姥、姥爷、父母，包括以后岳父岳母，这(将来)都得是老人，他们很快就老了。"（A01，男，外来投资者，在港门村经营老年公寓）

伴随着候鸟群体的流动，三亚市物价抬升加速、资源紧缺、交通拥堵与环境污染等一系列城市病情况加剧，候鸟群体从三亚市城区逐渐扩张到周边地区、海南省其他城市甚至是广西壮族自治区、云南省、福建省等南部地区的其他省份。而候鸟群体流动模式的改变也影响了投资者的投资的动向。

"我没有买房……现在再来这里买房那多亏啊，租房就好了……明年就打算跟我老伴去一趟泰国，听说去那边过冬比这里好多了，还便宜。"（E08，女，离退休人员，第三年来三亚市过冬，在海月广场附近的老年公寓租房）

"两年前生意还可以的，这几年来的人少，因为这里东西已经贵了……现在出国也容易，孩子有钱，就带他们去东南亚那边过冬去了。"（A02，男，外来投资者，在港门村经营老年公寓）

可以看到，从最初以观光旅游为契机，选择三亚市作为养老度假地，到候鸟群体选择离开，流动始终贯穿着三亚市旅游的全过程。

4.2 城市公共资源竞争是双方矛盾的主要焦点

候鸟群体流动的季节性导致三亚市旅游与城市管理问题具有周期性，且波峰与波谷之间的巨大差距使居民与候鸟群体之间的矛盾变得更为尖锐。每年9月末或10月初，候鸟群体开始进入三亚市后，住房资源、公共交通资源、医疗资源都进入紧张的状态，同时物价在短期内被迅速抬升。最晚至次年3月气温回升后，大量的候鸟群体离开三亚市，在旺季时被医疗与旅游服务岗位需求吸引而来的大量外来劳动力，随着候鸟群体的回溯而剩余，成为三亚市城市管理面临的新问题。

候鸟群体在流动至三亚市度假期间，会与本地居民抢占资源，这也是双方产生矛盾的主要原因（图2）。在观光旅游引起过度旅游现象的城市案例中，游客主要集聚在旅游景区、城市广场与商业中心等公共空间，与本地居民日常生活中的居住区、医院、农贸市场等生活生产空间重叠度低，公共空间以及交通资源被占用是城市居民对游客到访产生不满情绪的主要原因。与观光客不同的是，候鸟群体具有停留时间更长的流动特征，加上老年人群体身体条件的特殊性，不仅对城市公园、广场等公共空间存在需求，并且对居民社区、医院、农贸市场等本地居民生活生产空间也存在一定程度的使用需求。此外，由于候鸟群体多数为离退休人员，搭乘公共交通享有优惠，且闲暇时间充足，因此对城市公共空间与公共交通资源的使用在时空范围上比观光客更广，更容易让本地居民产生侵略感与不公平感。

"他们白天都不在老年公寓里……这里气候这么好，白天都出去散步，去海月广场那片区域锻炼，晚上回来吃个饭，又到广场散步或者跳舞去了。"（A03，女，外来投资者，在海月广场附近的城中村经营老年公寓）

图2 公共空间成为候鸟群体与居民竞争的焦点　　图片来源：研究者拍摄

"那些来三亚的候鸟老人，一天到晚跟我们本地人挤公交车，因为政府给他们的优惠政策是异地老年人可以办理老年卡，免费搭乘公交。所以他们出行就一直选公交，挤到孩子们上学都没有办法搭上车。所以说老实话，我们当地人并不喜欢他们。"（B01，女，本地居民，出租车司机）

在城市扩张速度有限的情况下，同一时空条件下的城市公共资源如同一块大小固定的蛋糕，使用的群体越多，各群体获得的份额就越少，竞争也愈发激烈。传统的城市规划与管理往往是以常驻居民数量作为基础参考，因此在面临大量流动人口进入时难以应对，致使短期内城市承载力达到甚至超过上限，出现资源竞争加剧甚至造成环境破坏等问题。对于本地居民而言，城市公共资源竞争原本属于居民内部竞争，随着流动群体到来，竞争模式流向外部，竞争的压力与得失感，以及作为不流动的群体需要承担流动群体离开后仍遗留的城市问题，都会引起居民对游客以及旅游业的负面情绪，从而产生过度旅游现象。

此外，旅游市场的盲目性与自发性也让城市资源分配发生变化，从而加剧了竞争。候鸟群体以消费者而非生产者的身份流入目的地城市，带来的大量消费需求诱导了市场投资转向。以住房资源为例，在候鸟群体存在大量居住需求的情况下，许多酒店、民宿、养老公寓、旅游地产发展迅速。三亚市统计局的报告显示，因候鸟群体数量增加，三亚市居民财产性收入的增长主要由出租房屋收入的快速增长所拉动，2011年与2012年一季度居民出租房屋的收入同比增长分别达到59.2%与56.5%。与世界其他出现过度旅游现象的目的地城市存在大量Airbnb住宿的情况相似，三亚市酒店住宿业的发展在吸引更多的游客到访城市的同时，也引起了负外部性（Nieuwland et al., 2018）。由于候鸟群体流动的季节性，投资者需要用不足半年的收入去支付一整年的成本，因此在巨大的经营压力下，开始出现不正当竞争，进一步使三亚市旅游市场变得混乱。但相对人的流动而言，投入的资金与投资建成的设施不会轻易流走。在候鸟群体对三亚市的房价与物价水平"望而却步"，流向其他地区后，环境破坏、资源闲置与浪费的结果最终仍由三亚市本地居民来承担。流动所具有的这种迅速变化的特征也让本地居民产生不安定感。因此，本地居民倾向于将矛盾源头指向带来流动的候鸟群体与城市旅游业，并将自身视为流动与过度旅游的受害者。

4.3 对流动的控制并没有得到预期的效果

为了控制过度旅游现象，城市管理部门也出台了一系列政策，包括购房限制、异地车辆管控等措施，试图通过对流动进行管控从而减轻过度旅游造成的负面影响。但事实上，三亚市现有政策并不能有效地缓和居民与候鸟群体之间的矛盾。候鸟群体同样是遭受着不公平的弱势群体。由于目的地的政策变化，居民态度的不友善，以及社会文化环境显著的差异，候鸟群体想要在温暖的三亚市度假，除了需要付出比本地居民更多的流动成本外，同样承受着目的地交通拥堵、资源竞争、物价抬升、医疗得不到保障的问题。

通过实证调研，本研究发现三亚市的候鸟群体所面临的最主要问题是就医困难与社会环境不友好。在三亚市，候鸟群体多以抱团聚居的方式生活在一起，与本地居民的社会交往较少，文化差异、身份认同、刻板印象等一系列因素，导致双方选择相互规避（孙涛 等，2014）。尽管三亚市各协会组织也在不断地创造促进双方交流的机会，但随着群体间矛盾的加剧，双方接触的意愿越发弱化。在与本地居民接触的场合中，候鸟群体也感受到明显的不友好，如在市场买菜时，一旦被识别出身份，商家的态度与要价会发生改变。此外，由于候鸟群体的流动特性与城市管理制度的不完善，在以服务本地居民为主的现有医疗制度下，三亚市候鸟群体的医疗健康需求得不到有效保障。候鸟群体同样将自身视为流动与过度旅游的受害者。

"我们也不怎么跟他们接触，就是自己玩自己的……出现了个别事件那也是个人的事情，不能什么事都上升到群体，你说是不是？……总之还是管好自己的事情就好，我也已习惯了，少接触，少惹事。"（D01，男，离退休人员，第十年来三亚市过冬，候鸟空竹协会会员，在港门村的老年公寓租房）

"……双方还是有一定矛盾的，不过这件事很复杂，有很多因素在里面。我们也在努力做一些事情，比如组织老年人去海边捡垃圾，组织一些文艺团体去会演，等等……"（D02，男，离退休人员，第七年来三亚市过冬，三亚市异地养老协会管理人员，在凤凰小区买房）

"我有心脑血管疾病，腿脚也不好……我来的时候会带三四个月的药，主要是治疗心脑血管疾病的药，还有常用的药也带一点，这里的药太贵，而且有的牌子也没有……黑龙江人在这里是可以用医保的，我没有医保，也没怎么去医院，平时就是吃吃药，散散步。"（E07，女，离退休人员，第三年来三亚市过冬，在清平乐小区二期租房）

出于保护环境与减轻过度旅游负面影响题的目的，旅游目的地通常会采取各种措施，如景区限流，提高交通票价格等，减少游客规模。从三亚市的现状来看，仅仅控制游客不仅没有有效地解决已出现的问题，还出现了新的问题，比如旅游创造的就业岗位规模缩减等。想要解决过度旅游的问题，还需要城市管理在更大的文化背景下重新审视流动（Tazim Jamal et al., 2018）。

5 结论与讨论

本文通过回顾相关文献，以三亚市候鸟群体的季节性流动为研究案例，尝试阐述流动性与过度旅游现象及城市管理的关系，并在流动正义的视角下，指出并探讨了在过度旅游现象中"外来游客"与"本地居民"各自存在不平等感的问题。

研究发现，流动贯穿于旅游目的地过度旅游现象发生的整个过程，包括人的流动、信息的流动、资金的流动。本研究指出，尽管过度旅游现象的成因复杂，但流动确实加剧了旅游城市目的地的过度旅游现象。候鸟型的度假流动与观光客的大众旅游流动类似，同样会引起公共空间资源、交通资源、医疗资源等城市公共资源竞争加剧，流动带来了居民与候鸟群体双方的不公平感，引发居民对游客以及旅游业的负面情绪，从而导致过度旅游现象出现。

候鸟群体到三亚市后，与本地居民在城市公共资源占有上构成竞争关系。相比于观光客，候鸟群体与居民公共资源竞争时空范围更广，且流动的周期特性使得淡季与旺季之间差距较大。尽管从表面上看，流动性引起的负面影响由不流动的本地居民承担，但候鸟群体也并非完全是流动的获益者，相反，在重要的医疗资源得不到保障，以及出现过度旅游现象后，本地居民普遍对游客不友好的情况下，候鸟群体再次成为被目的地城市边缘化的弱势群体。

在流动正义的视角下，过度旅游现象中的不公平性将再次受到审视。对于候鸟群体而言，流动是其主动选择的结果，是出于对寒冷气候的逃避，而对于三亚市的居民而言，流动是被迫接受的结果，但居民也拥有选择通过流动的方式规避这些负面影响的权利。

随着流动成为社会常态，各种主体流动频率不断提高，城市主客间原本清晰的边界也开始逐渐模糊，城市公共资源配置、城市规划与目的地管理需要在流动性视角下重新被审视。三亚市现有的管理方式，其本质仍是对流动进行简单的限制。但事实证明，仅对流动加以限制不足以有效地解决问题，需要更为深入地了解流动性给城市管理带来的挑战。罗马、巴黎、威尼斯等已经出现了过度旅游现象的城市，也在不断寻求更有效的解决方式，包括进一步开发周边城市的旅游资源，分散游客的流动，增加游客与居民的接触空间与交流机会，通过社区节庆与活动宣传负责任旅游等方式，让游客与居民更充分地认识与交流，控制中心城区旅游化的程度，从而减少双方冲突。Rachel Dodds（2019）等学者也指出，完善公共服务管理，在控制游客数量的同时，提高游客体验是解决过度旅游问题的有效方式。如何有效地解决由流动引起的城市管理问题，也仍需进一步研究与讨论。

参考文献

侯慧丽，李春华，2019. 身份、地区和城市：老年流动人口基本公共健康服务的不平等[J]. 人口与发展，25(02): 31-38.

李雨潼，曾毅，2018."候鸟式"异地养老人口生活现状研究：以海南省调查为例[J]. 人口学刊，40(01): 56-65.

李雨潼，2018."候鸟式"异地养老方式研究[J]. 社会科学战线 (08): 276-280.

黎莉，王珏，陈棠，2015. 从旅游业角度看海南"候鸟式"养老的发展[J]. 地域研究与开发，34(01): 100-104.

孙涛，赵岩，翟磊，2014. 社会融入视角下的城市流动人口服务管理研究：基于三亚市的实证调查[J]. 公共管理学报，11(04): 105-115, 143.

石忆邵，尹昌应，王贺封，等，2013. 城市综合承载力的研究进展及展望[J]. 地理研究，32(1): 133-145.

王郅强，赵昊骏，2019. "候鸟式"养老群体的公共服务供需矛盾分析：以三亚市为例[J]. 行政论坛，26(02): 103-109.

王莉，陆林，2005. 国外旅游地居民对旅游影响的感知与态度研究综述及启示[J]. 旅游学刊 (03): 87-93.

吴悦芳，徐红罡，2012. 基于流动性视角的第二居所旅游研究综述[J]. 地理科学进展，31(06): 799-807.

文彤，廖海牧，2009. 香港居民对内地游客旅游行为感知研究[J]. 旅游论坛，2(04): 504-508.

宣国富，章锦河，陆林，等，2002. 海滨旅游地居民对旅游影响的感知：海南省海口市及三亚市实证研究[J]. 地理科学 (06): 741-746.

查瑞波，骆培聪，伍世代，等，2018. 零售额作用下香港入境旅游对物价的多元影响[J]. 经济地理，38(12): 197-202, 233.

章锦河，2019. 城市旅游转型与旅游制度创新的思维转向[J]. 旅游学刊，34(03): 7-8.

张文宏，雷开春，2008. 城市新移民社会融合的结构、现状与影响因素分析[J]. 社会学研究(05): 117-141, 244-245.

张绍娥，唐波，2017. 北京旅游人口过度聚集的分析和对策建议[J]. 时代经贸(04): 52-55.

赵衡宇，过伟敏，2017. 流动性·主体性·时空实践：兼论城市移民非正规住居困境与出路[J]. 建筑学报(10): 106-111.

BRØGGER D, 2019. Urban diaspora space: rural-urban migration and the production of unequal urban spaces [J]. Geoforum, 102(6): 97-105.

DODDS R, HOLMes M R, 2019. Beach tourists: what factors satisfy them and drive them to return [J]. Ocean and coastal management, 168: 158-166.

DOXEY G V, 1975. A causation theory of visitor/resident irritants: methodology and research inferences [C]//Proceedings of the Travel Research Association 6th Annual Conference. San Diego: Travel Research Association, 195-198.

JORDAN E J, SPENCER D M, et al., 2019. Tourism impacts, emotions and stress [J]. Annals of tourism research(75): 213-226.

JAMAL T, CAMARGO B A, 2018. Tourism governance and policy: whither justice? [J]. Tourism management perspectives(25): 205-208.

KOENS K, POSTMA A, PAPP B, 2018. Is overtourism overused? Understanding the impact of tourism in a city context [J]. Sustainability, 10 (12): 43-84.

MILANO C, 2017. Overtourism and tourismphobia: global trends and local contexts [DB/OL]. https://www.researchgate.net/publication/.

MAXIM C, 2019. London case study in UNWTO report 'Overtourism'? Understanding and managing urban tourism growth beyond perceptions: case studies [M]. UNWTO.

MCKERCHER B, WANG D, PARK E, 2015. Social impacts as a function of place change [J]. Annals of tourism research(50): 52-66.

MERRIMAN P, JONES R, CRESSWELL T et al., 2013. Mobility: geographies, histories, sociologies [J]. Transfers(3): 147-165.

NIEUWLAND S, MELIK R V, 2018. Regulating Airbnb: how cities deal with perceived negative externalities of short-term rentals [J]. Current issues in tourism, 23(7): 811-825.

SÉRAPHIN H, SHEERAN P, PILATO M, 2018. Over-tourism and the fall of Venice as a destination [J]. Journal of destination marketing & management(9): 374-376.

SÉRAPHIN H, GOWREESUNKAR V, ZAMAN

M, et al., 2018. Community based festivals as a tool to tackle tourismphobia and antitourism movements [J]. Journal of hospitality and tourism management, 39: 219-223.

SÉRAPHIN H, ZAMAN M, OLVER S et al., 2019. Frederic dosquete destination branding and overtourism [J]. Journal of hospitality and tourism management(38): 1-4.

SHELLER M, 2018. Mobility justice: the politics of movement in the age of extremes [M]. Lodon:Verso.

过度旅游与目的地生态修复：意大利威尼斯案例研究

Overtourism and Ecological Remediation: The Case of Venice, Italy

文 / 王佩瑶　郭晶晶

【摘　要】

随着人们对物质和精神生活的追求不断提升，旅行已经成为不可或缺的生活方式，全球的旅游业正在蓬勃发展，各旅游目的地也随着节假日的来临变成人流密集地，从旅游经济的角度来看，形势向好，但是过度旅游造成的超负荷人为活动已经给全球带来了一系列负面影响，尤其是生态环境方面，一些自然景观已出现萎缩和破坏的前兆。生态环境本身就比较脆弱，生态环境容量也是有限的。面对过度旅游对生态环境的影响，我们对旅游目的地的生态修复可以通过基础调研与综合评估、制定修复策略、提出技术措施、后期监测及运营管理四个方面制定长远的规划，利用一定的生态修复策略和规划手段，保障和修复生态旅游环境。本文以恢复生态学、景观生态学、园林规划设计、旅游资源开发等相关学科理论为基础，基于过度旅游对生态环境的影响，探讨生态修复的内容、途径及策略等，并引用威尼斯水域生态修复的案例验证在过度旅游背景下生态修复治理的方式。

【关键词】

过度旅游；生态旅游；生态修复；旅游规划

【作者简介】

王佩瑶　华东建筑设计研究院有限公司规划建筑设计院规划师，复旦大学旅游学系硕士研究生

郭晶晶　复旦大学旅游学系硕士研究生

1 引言

随着市场经济的推动，国家政策的支持，人民生活水平的提高，全球的旅游业都得到了全面快速的蓬勃发展。世界旅游组织预计，全球旅行者的人数在2030年将增长到18亿。聚焦中国旅游，其产业潜力仍在不断开掘，并受到世界的瞩目。世界旅游及旅行业理事会（WTTC）在其最新发布的2020《经济影响力报告》（Economic Impact Report）中指出，2019年，中国旅游业创造了近8 000万个就业岗位，占中国总劳动力的10.3%。同时，创造了109 425亿元产值，占中国经济的11.3%，超过中国GDP总增长率的6.1%。中国旅游业的增长连续五年超过了总体经济的增长，报告充分印证了中国旅游业有极好的发展势头。

然而，现实困境与数据显示的成就相去甚远，随着旅游目的地的无限开发，人群的大量聚集导致的过度旅游已经给全球带来了一系列环境和社会问题，尤其是生态方面，对水系、土壤和空气的污染使得许多地区问题凸显，对旅游繁荣发展的关注，也从积极影响渐渐扩展到负面影响。例如，"世界屋脊"青藏高原每年登山季会有7万到10万的游客涌向珠峰。2018年以来，西藏自治区组织在珠峰大本营海拔5200米以上区域进行过三次大规模的登山垃圾清理行动，清理垃圾达8.4吨。青藏高原的脆弱生态受到过度旅游的干扰和影响，包括对植被、土壤、水体、大气、野生动物、生物多样性等的影响，其生态保护与区域经济发展的矛盾也更加尖锐。早在2011年国务院就专门印发了《关于印发青藏高原区域生态建设与环境保护规划（2011—2030年）的通知》，至今环保工作仍在不断加强，也亟需更多的解决生态环境问题的举措，例如生态环境修复等。

生态旅游依托于原生良好的自然环境，但是一旦旅游开发及过度旅游超出旅游目的地的环境承载力，就会造成生态环境的严重破坏，这种现象亟需引起旅游界的关注和重视。因此，认识到过度旅游问题的严重性，并通过制定长远的规划，利用一定的生态修复手段和策略，保障和修复生态旅游环境非常重要。

2 过度旅游的背景、概念及影响

2.1 过度旅游的背景及概念

过度旅游现象的出现与旅游业近40年来在世界范围内的蓬勃发展密切相关，国内及国际旅游业对旅游地及周边地区的政治经济和文化发展做出了重大贡献，但随之而来的游客大规模集中流动、旅游接待设施超负荷、交通拥堵等问题的日益严重，为"过度旅游"的出现埋下了伏笔。

过度旅游现象形成的条件主要有四点：一是廉价航空的出现催生了低票价出行，人们频繁旅行。二是邮轮产业的迅速发展降低了小众目的地到访的时间成本，并带来成批的游客。三是以Airbnb为代表的共享住宿平台的崛起使得游客在传统酒店之外有了更为多元的住宿选择。四是社交媒体的信息交互变得比以往任何时代都更加便利，标记地理位置，附上精修的照片，阅览量提升的同时使大量潜在旅游者形成到访意愿并产生实际造访，形成口碑传播。诸多便利条件的汇聚加速了过度旅游的形成进程。

过度旅游现象形成的过程和三个要素密不可分（图1），即增长、集中度和治理（Capocchi A et al., 2019）。

首先，增长体现在过去40年在世界范围内旅游业出现的大幅增长，

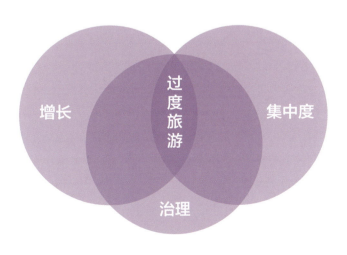

图1 "过度旅游"：增长—集中度—治理

从游客数量到经济指标，加剧了新兴经济体对西方经济体旅游行为的"模仿效应"。其次，游客流量的增长和大众旅游的普及使主要热门旅游地游客集中，带来物理拥挤、噪声污染、旅游区载客量压力及生态环境威胁。最后，治理是过度旅游中不可回避的话题，如何平衡游客诉求和当地社区的发展，在保证生态资源可持续发展的过程中维持经济收益，应注重打造可持续的发展框架来应对潜在的经济、环境和社会文化影响。

负责任旅游（responsible tou-rism）是与过度旅游截然相反的概念，它利用旅游正面影响当地居民的生活环境并为游客营造更舒适的游览环境。而过度旅游多与负面影响同时出现，如过度拥挤、旅游恐惧、居民的不满态度、生态破坏等，从中可窥见过度旅游与其相关性。

对过度旅游概念的界定，目前仍没有达成共识。学者们和国际组织分别从旅游者、旅游地及当地居民三方的角度对过度旅游进行概念界定。其中Goodwin（2016）认为"过度旅游即当地人或游客都认为某地被过度参观，并因此改变其特征。对于游客而言，当地丧失了其原真性，对于当地居民而言，过度旅游引起了愤怒和烦恼"。联合国世界旅游组织（UNWTO，2018）对"过度旅游"的定义为"旅游对一个目的地整体或部分产生的负面影响，过度影响当地居民的生活质量感知和游客体验感"。学者Milano等人（2019）将其定义为"游客的过度增长导致居民在临时性和季节性旅游高峰的影响下过度拥挤，导致他们的生活方式永久性改变，无法获得便利设施，并损害了他们的总体福祉"。欧洲议会交通与旅游委员会（2018）则认为"过度旅游是一种旅游造成的影响情况，在特定时间和特定区域中，超过物理环境、生态、社会、经济、心理或政治承载力的阈值"。

纵观学界及国际旅游组织对过度旅游的定义，笔者认为过度旅游所造成的负面影响基于三方面：当地居民、旅游者和旅游地。当地居民的生存空间被侵占，生活方式被迫改变，居民生活幸福感下降。旅游者由于环境过度拥挤旅游体验变差。旅游地则因超过接待承载力阈值而失去原真性，生态环境遭到破坏。

2.2 过度旅游对旅游目的地造成的影响

旅游地生命周期理论（Tourism Area Life Cycle）提出，旅游目的地是在被发现后进行开发的，当旅游业达到鼎盛时期，除非管理制度和措施得当，否则生态环境的破坏及旅游发展的停滞将接踵而至。

20世纪60年代，学界讨论了旅游发展对目的地消极影响的方式，分析了旅游目的地社区的社会成本，早期研究关注过度旅游的集中对当地社区环境的危害和居民的负面态度。

到20世纪80年代，更多研究集中于目的地的承载力方面，欧洲议会的报告将过度旅游的影响归结为环境、经济、社会文化三大方面。其中环境影响包括环境污染、基础设施不足、视觉饱和、环境破坏和过度拥挤等；经济影响包括通货膨胀、经济依赖、基础设施建设成本增加、可进入性和目的地形象变差；社会文化影响包括基础设施的退化、居民区域的旅游化、居民的边缘化、主客之间的敌意、社会安全认知下降、旅游过分商业化倾向加剧、文化特征的衰竭等。不同国家和地区也存在显著的差异。

2.3 过度旅游对旅游目的地生态环境造成的影响

目的地的旅游生态环境关乎旅游业的生存发展，因此以可持续发展的视角发展旅游业至关重要。过度旅游给生态环境造成的影响主要有：水资源污染及饮用水短缺、废弃物及垃圾处理问题、大气污染、景观及动植物生态系统的侵蚀和消亡等。

2.3.1 水资源环境影响

中国人与生物圈国家委员会的资料显示，我国已有22%的自然保护区由于开展旅游活动而造成保护对象的破坏，其中11%出现旅游资源退化。旅游者的过度旅游、风景区密集的旅游活动对生态环境造成大量负面影响，如土壤板结、树木损坏、根茎暴露、水质污染、水土流失等。土壤和植被可以改变地面粗糙度、地表水径流条件以减弱水土流失的动力强度。但过度的旅游活动改变了土壤的结构，削弱了植被的蓄水保护作用，从而加速了水土流失的速度。

水质污染问题同样不可忽视，在很多自然景观丰富，但经济欠发达地区的旅游地，旅游活动经营者将污水直接排放到当地河流水系中，造成水质急剧下降。缺乏严格的法律监管、基础设施建设落后、缺少合理的污水收集处理系统，排水管网布局不合理、公共卫生系统建设不完备（如公厕配套）等都会对水资源环境造成影响。

2.3.2 废弃物及海洋垃圾

游客流动产生大量的垃圾和废物，若缺乏合理的垃圾处理手段和监管，环境压力可想而知。尤其在滨海目的地，旅游活动有明显的淡旺季，巴塞罗那大学环境科学研究所的资料显示，地中海岛屿夏季游览产生的垃圾数量比平时增加了7倍，旅游目的地废物垃圾影响与该地旅游淡旺季有相关性，并与大众休闲旅游及吸烟有关。

塑料制品垃圾由于化学成分不同，有的需要数年才能降解，有的甚至不可降解。在海洋垃圾中，与吸烟相关的垃圾占总量的40%，包括香烟过滤嘴、打火机、雪茄头及烟草制品的包装。联合国环境署的数据显示，塑料杯需要50年才能降解，塑料吸管需要200年，而塑料瓶则需要450年，连香烟的过滤嘴也需要1~5年才能完全降解。

2.3.3 大气污染

联合国世界旅游组织（UNWTO）2017年的数据显示，乘飞机出行的游客最多；其次是公路运输，占比39%；水路4%；铁路运输2%。

旅游交通每年排放217.3万吨二氧化碳，相当于货物运输、食品生产、农业、服务业等排放量的总和。飞机在空中时二氧化碳的排放量是在地面时的2~5倍。航空运输中，飞机采用的是航油，所产生的气体污染较汽油更多。飞机的排放物中大约70%是二氧化碳，29%是碳氢化合物，1%是氮氢化合物、硫氧化物和烟尘。当飞机飞行到靠近平流层的位置时，空气对流相对较小，尾气驻留的时间更长，形成的尾迹和卷云等对气候变化的影响更加严重。

2.3.4 动植物生态系统

人类旅游活动和对物种与自然资源的过度开发，正危及全球生物多样性。其中，珊瑚礁生态系统被誉为地球史上最古老的生态系统，它们遍布于全球100多个国家/地区的海洋中，覆盖海平面达0.2%。美国国家航空航天局地球观测站的最新报告（2020年的数据）显示，超过27%的珊瑚礁已经生长受损，并且在未来32年内约有32%处于灭亡的危险中。出现这种动植物生态恶化的原因正是人类的过度旅游；如制作珊瑚类纪念品、潜水和浮潜等行为，停泊在珊瑚礁栖息地的大型船只的锚点会损伤珊瑚，废物、化学物质也会造成污染，等等。

人类对珊瑚礁施加的巨大压力改变了它们的环境和水域，破坏了它们的生存空间。游客使用的防晒霜会增加海水中过氧化氢的浓度，破坏海洋生态系统。各SPF值防晒霜中含有的二苯甲酮-3和辛氧酸酯等化学成分可以在游泳或淋浴时释放到海水中；在海滩边喷洒气雾式防晒霜时，喷溅在沙子上的气雾颗粒可随海浪冲刷进入海里；潜水涂抹的防晒霜更是直接融入海里。这些化学物质会被珊瑚吸收，导致珊瑚白化，并扰乱珊瑚的生长周期和正常繁殖。

3 过度旅游背景下的生态修复

目前，面对日趋严重的过度旅游现象，全球各地已经在积极通过各项举措遏制过度旅游带来的影响，比如对游客行为举止加以制止或约束，意大利罗马市政府发布了一项"禁坐令"，不允许包括游客在内的任何人坐在该市地标性景点"西班牙台阶"上。另外，旅游税近年来也在越来越多的旅游目的地出现，法国巴黎、西班牙巴塞罗那、德国柏林、意大利罗马等许多欧洲著名旅游目的地都有征收旅游税的先例，马来西亚、迪拜、马尔代夫、缅甸等国家和地区也陆续加入这个行列。

对过度旅游已经对生态环境造成的破坏，必须及时采取生态修复措施进行恢复和补救。针对已经受到高度人为干扰的旅游目的地，相比于被动的生态保护，生态修复是更加积极主动的行为举措。生态修复一般通过有人力介入的生态技术、生态工程的专业方法、可循环可再生使用的生态材料等，主动调适和还原生态环境的原始健康状态。生态修复更能满足现实的需求，使部分生态网络脆弱区域的生态环境由劣势向良势逐渐转变。

3.1 生态修复的定义及意义

生态修复，是恢复生态学中出现的新词，是生态恢复重建中的一项重点内容。生态修复是指对生态系统停止人为干扰，通过生态手段恢复以减轻负荷压力，依靠生态系统的自我调节能力、大自然的自我修复能力，在适当的人工措施辅助下，恢复生态系统原有的保持水土、调节小气候、维护生物多样性的生态功能和开发利用等经济功能，使遭到破坏的生态系统逐步恢复或使生态系统向良性循环方向发展。生态修复主要致力于恢复与重建在自然突变和人类活动影响下受到破坏的自然生态系统。

生态修复旅游化将生态建设的过程、内涵、做法等与旅游实践相结合，在生态修复过程中，植入旅游理念、提升旅游环境、制造旅游吸引物、配置旅游设施，通过修复河流水系、湿地、生物、矿山、海岸线等，改造现有环境，修复生态系统，创造新的景观，为旅游产业创造良好的生态环境，也为旅游业的发展积蓄潜力。

3.2 生态旅游目的地生态修复途径和策略

生态修复类项目需要因地制宜，不同的修复主体其目标与措施也存在很大的差别，更会综合许多学科，如环境、园林、景观等。生态修复需要充分结合旅游目的地的特点，对症下药，深入研究极具针对性的措施和策略。

总体来看，生态旅游目的地的生态修复途径可以总结为以下四个方面。

3.2.1 基础调研与综合评估

对生态旅游目的地进行生态修复，前期需要充分做好基础调研与评估。基础资料调研的内容包括气候条件、地形地貌、水文地质、土壤类型、湿地状况、动植物资源、污染物来源等自然现状，以及人口数量、社会群体、人口活动、基础设施条件、旅游现状、管理条件等社会人文现状。

生态环境评估主要包括明确主要问题、识别问题的具体位置以及主要问题的成因。在评估主要问题时，应追本溯源，了解场地原本的用途，以及近远期的污染源。应联合生态学、土壤学、动物学、植物学和环境科学等学科，搭建一个多学科合作的平台，定性、定量地识别问题在场地中的位置。同时对旅游市场需求、环境容量进行分析和预测，综合自然现状和社会人文现状，协调旅游经济功能与生态环境，形成对场地整体的科学的认知。

3.2.2 制定修复策略

分析出生态环境问题与生态环境脆弱区域之后，重点考虑生态系统较为脆弱的区域。由专业人员针对生态修复场地制定分级或分类的修复策略。与此同时，应多咨询规划主管部门、社会各层面的专家和公众群体的意见，倾听社会多渠道的建议和意见，做出客观而科学的论证与评价。

制定修复策略要以生态可持续发展为目标，明确场地的生态梯度，针对生态修复区，根据生态敏感性安全格局评价，充分利用现有资源和设施，注重保持地区的文化特色和历史延续性。下面针对过度旅游对生态环境造成的不同影响，对生态修复策略进行举例。

（1）针对水资源环境的修复策略

对于生态脆弱地带的水系生态空间，在保护方面，可以划定蓝绿空间，强化水域范围，塑造或改善滨河景观并实施湿地建设。在修复方面，在水土流失严重或者石漠化严重的区域，建立流域补偿制度，保护上游区水质，落实退地还河，强化水土保持，通过提高植被覆盖率、水源涵养工程等恢复该区域的生态环境。对水质不达标的区域，进行综合治理，取缔或搬迁污染源，控制污染源头并防止扩散。提高廊道连通性，进行岸线生态整治、湿地生态修复与保护，加强水网连通。

（2）针对废弃物及垃圾的修复策略

污染场地上需要及时展开修复活动，彻底清除正在产生危害的污染废弃物；限制或禁入生态脆弱地带；对控制区域内的生活垃圾及工业污染企业产生的垃圾进行集中收集和无害化处理。用工程手段如物理技术、化学技术、热处理技术、生物技术、自然衰减和其他技术等，对场地进行修复。

（3）针对大气污染的修复策略

对区域的气候环境影响进行调研与评估后，采取分区策略，针对不同的区域提出相应的分级管控标准，调整规划布局方案。引入场地风廊体系，保护地景敏感区域，在风貌保护区域保证开放空间的可视性，旅游城市目的地内部可建设大面积的绿色空间，形成城市通风以及污染物的扩散廊道，作为保护和恢复生态的缓冲区。

（4）针对动植物生态系统的修复策略

对于现有生态区域采取核心栖息地保护策略，禁止大规模的开发建设活动或人类行为对生物生境造成过度干扰。对连接生境斑块之间的生物迁移廊道路径进行节点修复优化，提高区域生物迁移的连通性，通过扩大斑块面积、优化斑块形状落实生态管控红线。恢复已经破坏的跨区域生态廊道，提高斑块之间的连接度与连接的有效性，构建生物多样性保护网络。在生态红线内的重要生态斑块与生态廊道周边的更大区域范围设置生境缓冲区与保护修复区，进一步保育物种多样性。

3.2.3 提出技术措施

针对生态修复场地，合理提出可操作、可实施的生态环境修复技术措施和知识体系，包括但不限于水污染控制改善、大气污染控制改善、噪声污染控制改善、固体废弃物处理、动植物保护等方面。通过生态修复技术、生态材料应用等，改善生态污染情况，构建完善的生态旅游网络体系，或者进一步提升生态旅游区域的景观价值。

生态修复措施的制定应由多专业人员共同商定，进行旅游区整体生态环境修复和保护工作。

3.2.4 后期监测及运营管理

除了制定生态修复的策略与技术措施，后期监测和运营管理工作也是非常重要的。

生态修复类项目与一般性项目的不同之处在于生态系统的变化性。规划人员应在生态修复的监测阶段持续关注生态系统的健康情况，选取有代表性的指标进行长期监测，如动物种类和数量的变化、植物种类和数量的变化、水质的变化等，并综合考虑生态、经济和社会因子。后续运营管理工作人员也要妥善运营维护，例如宣传普及生态环保意识等，以真正实现可持续发展的目标。

4 意大利威尼斯水域生态修复案例

4.1 案例背景

威尼斯是意大利东北部的著名旅游城市，由潟湖中118个岛屿和177条运河水道共同组成，以其优美的环境、建筑和艺术品珍藏而闻名。

威尼斯是受过度旅游负面影响的典型案例。2019年，据媒体报道，威尼斯每年接待的游客人次近3 000万。1987年威尼斯被联合国教科文组织列入世界遗产名录，仅仅不到30年时间，在2016年便被列入濒危世界遗产名录。

旅游业持续膨胀，过度旅游严重破坏了威尼斯的基本建设结构和生态系统。威尼斯的生态环境主要由"城"和"水"构成。随着游客的大量集中（图2），"城"和"水"的生态逐渐呈现不平衡状态。呼吁威尼斯整顿旅游业、避免过度开发的声音不绝于耳。

4.2 威尼斯生态现状评估

联合国教科文组织世界遗产中心与意大利政府对威尼斯当地的生态状况给予了密切的关注。于2014年世界遗产委员会第38届会议上审查了威尼斯及潟湖的保护现状，并发布对威尼斯及潟湖即将展开的监测决定（Decision: 38 COM 7B.27），2015年10月起由委员会派遣特派团前往威尼斯及潟湖开展调查监测工作，重点考察大型基础设施建设对潟湖景观潜在的负面影响、旅游压力等问题。

图2 威尼斯拥挤的街道

林丽琴 / 摄

对生态现状进行评估后，发现存在地面不均衡沉降严重引发海水倒灌问题。由于急切开发，大量开采地下水，地下水不能及时自然补充，导致地下水面以城市和工业区、农业区为中心，呈中间深、四周浅的漏斗状，威尼斯城市下沉速度急速加快，20年内下沉了30cm，引发了海水倒灌（图3）。另外，威尼斯水城生态维护困难，因为威尼斯没有道路网络，以旅游为中心的活动，如公共交通运输、出租车服务、垃圾转运、消防等基础服务只能通过狭窄的水道和步行街道来完成，这些不可或缺的基础服务对当地生态造成了不同程度的持续的负面影响。

4.3 威尼斯水域生态修复策略和技术措施

威尼斯及潟湖的保护修复，通过区域层面上的景观规划和区域规划来保障。景观规划旨在于可持续发展的环境下保护和修复，并根据区域发展规划和文化遗产景观规范制定"区域协调领土计划"（Piano Territoriale Regional di Cootdinamenta）。威尼斯省在潟湖北部重点区域建了区域公园，并规范潟湖的航海、狩猎和捕鱼活动区域；在亚德里亚海岸、潟湖内的一些裸露盐沼、鱼塘等地区，通过划分各种核心区域来保障生物多样性。

为了应对威尼斯海水倒灌问题，威尼斯的设计者们试图将威尼斯城市1200hm²的低洼地面抬高1m，如今已完成了目标的80%，应用了扩建海滩、拓展海岸线、建造防护堤、建造可移动的防御洪水设施（图4）、修复古代海边防护墙等常规手段。与此同时，帕多瓦大学环境工程学专家朱塞佩·甘博拉蒂（Giuseppe Gambolati）还提出了一个大胆的方案：将大约1.5亿吨海水灌入威尼斯城市下的沉淀土壤层，使整个威尼斯的城市海拔得以向上"提升"30cm左右。

图3 威尼斯的水灾问题 　　　　　　　　　　图片来源：Pixabay

图4 威尼斯建设防御设施 　　　　　　　　　图片来源：Pixabay

4.4 威尼斯水域后期管理运营

威尼斯及潟湖作为一项世界遗产，通过"世界遗产管理计划"（The Management Plan for the World Heritage Property），由财产保护和管理负责机构批准，以国家立法为指导，由区域、省级、市级和其他公共组织共21个机构协同参与管理。该管理计划中以如何应对倒灌引发的灾害，如何应对旅游业的压力，以及如何保护和恢复传统区域为重点。

在区域层面，通过旨在维护区域可持续发展的土地利用和城市规划，来保护聚居点的文化和历史特征、园林景观和杰出的自然美景等。在市政层面，利用现有的规划工具对城市建筑财产、基础设施、市区重建、公共房屋计划、道路的翻新等进行规划，以保证这些城市构成部分健康运行；其他公共机构如水务局、港务局，则分工合作，维护威尼斯城和潟湖的生态系统、管理潟湖沿岸港口运行、监督城市景观的干预措施等。

5 结语

生态修复旨在使受损的生态系统的结构和功能恢复到受干扰前的自然状况。在过度旅游的背景下，旅游目的地的生态修复可以将旅游开发活动和旅游活动给生态系统带来的干扰降到最低，通过一系列生态修复手段也能恢复生态系统的自我调节功能，促进生态系统在动态过程中不断调整而趋向平衡。过度旅游背景下的生态修复研究是旅游行业的重点研究课题，能够为生态旅游发展提供有利的支撑。本文通过讨论过度旅游背景下生态修复的途径和策略，引入威尼斯水域生态修复案例，验证了本文提出的生态修复途径，为未来的研究提供了参考借鉴。

参考文献

白杨，魏巍，2017. 河滩棕地生态修复途径与实践[J]. 规划师，33（03）：37-42.

邓玲，2019. 绿色发展理念下资源环境承载力研究进展及对策[J]. 当代经济（10）：78-81.

高雪，胡传伟，2013. 园林设计中生态修复理念的引入[J]. 绿色科技（04）：98-99.

郭乃静，唐晓岚，2018. 威尼斯水城生态风险管理对中国城市水环境治理的启示[C]//中国城市规划学会，杭州市人民政府.共享与品质：2018中国城市规划年会论文集（01城市安全与防灾规划）.

马宝霞，2019. 基于承载力的生态旅游研究进程及展望[J]. 旅游纵览（下半月）（12）：180-181.

苏永波，2019. 旅游开发与生态文明建设耦合路径研究：基于主辅嵌入视角[J]. 系统科学学报，27（03）：86-91.

王焕龙，2012. 利用生态修复防治山区水库建设造成的水土流失[J]. 农业科技与信息（13）：45-46.

温庆，杨牧，2018. 游客太多困扰水城威尼斯[N]. 人民日报，05-22（22）.

张广瑞，2020. 国际"过度旅游"现象述评[J]. 经济管理，42（05）：195-208.

朱晓博，2015. 城市河流生态修复效果评价：以北京市永定河为例[D]. 北京：北京林业大学.

CAPOCCHI A, VALLONE, PIEROTTI M, et al., 2019. Overtourism: a literature review to assess implications and future perspectives[J]. Sustainability, 11(12): 3303.

CHEUNG K S, LI L H, 2019. Understanding visitor-resident relations in overtourism: developing resilience for sustainable tourism[J]. Journal of sustainable tourism, 27(8): 1197-1216.

GOODWIN H, 2016. Responsible tourism: using tourism for sustainable development[M]. Oxford: Goodfellow Publishers Ltd.

GOODWIN H, 2019. Overtourism: causes, symptoms and treatment[J]. Tourismus wissen-quarterly: 110-114.

MILANO C, NOVELLI M, CHEER J M, 2019. Overtourism and tourismphobia: a journey through four decades of tourism development, planning and local concerns[J]. Tourism planning and development, 16(4): 353-357.

UNWTO, 2018.'Overtourism'? Understanding and managing urban tourism growth beyond perceptions: executive summary[R].

颐和园客流超载管理的规划实践
Managing Carrying Capacity in the Peak Season of Summer Palace: Implications for Planning Practice

文 / 潘运伟　王克敏　常雪松　王彬汕

【摘　要】

客流超载是景区运营管理面临的突出问题，古典园林型景区因其空间特点对这一问题更加敏感。本文以颐和园为案例，分析其高峰超载、空间失衡、季节不均的客流特点。提出颐和园客流管控的四大思路：（1）限制日游客总量，建立分时预约系统；（2）强化核心区域管控，加强内外线路协同；（3）实现全园拓展，促进团散分流；（4）开展夜间游园，提振淡季旅游。

【关键词】

颐和园；客流超载；管理规划

【作者简介】

潘运伟　北京清华同衡规划设计研究院有限公司风景旅游一所主任，高级工程师

王克敏　北京清华同衡规划设计研究院有限公司风景旅游一所主创规划师

常雪松　北京清华同衡规划设计研究院有限公司旅游创新实验室主任

王彬汕　北京清华同衡规划设计研究院有限公司风景旅游中心主任，教授级高级工程师

图1 冬日颐和园及西山借景　　　　周世泽／摄

1 引言

古典园林的服务对象在当代发生了显著变化，从历史上为少数人服务变成为当代为国民大众服务。由于服务对象发生变化，加上近年来旅游业快速发展，知名园林景区在高峰期发生拥堵拥挤的现象屡见不鲜。

关于景区超载问题，国外相关研究主要包括游憩承载力（RCC）、游憩机会谱（ROS）、可接受的改变序列（LAC）、游客体验和资源保护（VERP）（Manning, 2001）、游客风险管理（VRM）等，倡导通过对游客容量（Mcarthur, 2000）、行为、体验及安全的调控和管理来提高游憩体验，实现资源的永续利用（曹霞等，2006）。容量管理是景区管理的重要内容（刘少艾 等，2016），国内也针对多种类型景区的容量管理和高峰超载问题展开研究，如九寨沟（卢文刚，2015）、三清山（李莉 等，2016）、泰山（尹燕，2009）、嵩山（朱玉芳，2011）等，但是对于古典园林这一特定类型的景区关注不够。

颐和园是中国古典园林的杰出代表（图1），是北京古都文化旅游的核心景区之一，目前年接待游客量为1 500~1 700万人次。颐和园疏密有致的布局特点和景点分布特征直接影响了客流的空间分布。颐和园以万寿山为核心，将众多景点纳入前山后山、前湖后湖之中，而行政办公和生活起居功能主要集中在全园北部的"东宫门—长廊—石舫"一线。颐和园的客流分布，也呈现北密南疏、东多西少的特征。颐和园客流超载和分布不平衡问题既具有典型性，更有解决问题的急迫性。从过往研究来看，已有学者对颐和园客流问题进行了初步研究。黄潇婷（2009）研究了颐和园六类客流流向，但对游人的时空分布特点研究不足。黎巎（2014）运用Agent模型探索颐和园全园客流预测与调控的方法。

本文将结合《颐和园旅游总体规划》编制工作，重点介绍颐和园超载管控的思路，以便为其他园林景区提供借鉴。

2 客流特征

2.1 客流总量庞大，节假日时有超载

2015年至2019年，颐和园接待的游客数量分别是1 603万人次、1 700万人次、1 571万人次、1 686万人次、1 541万人次。从总量来看，颐和园接待游客量略小于故宫，

但由于故宫采用预约限流的方式，每天接待游客量不超过8万人次，所以客流拥挤情况得到有效控制。而颐和园总占地面积300.8hm², 其中水域面积约220hm²，除去山体和未开放区域，实际可游览面积小于故宫，加上曲径通幽的内部空间，更是加剧了拥挤现象。

从单日接待量来看，节假日是颐和园接待高峰期。根据2017年的数据（图2），颐和园全年有3天游客量超过核定的日最大接待量12万人次。由于颐和园大多数游客是上午入园，平均停留3个小时，所以超过瞬时容量6万人次的天数应该更多，这也为遗产保护和游园安全带来更大挑战。

2.2 空间分布失衡，北园较为拥挤

根据客流大数据研究，游客在颐和园内分布不平衡，总体呈现北密南疏的特点，北园客流密度较大（图3）。游客在园内空间分布情况与颐和园景点分布情况较为吻合。颐和园的著名景点主要集中在万寿山、东宫门、南湖岛等区域，因而这些区域游客较多。

颐和园入口设置和园外交通情况也进一步强化了内部分布特征。目前颐和园共开设6个入口，分别是东宫门、北宫门、新建宫门、南如意门、北如意门、西门，2018年统计的入园游客比例分别是50%、28%、11%、5%、4%、2%。东宫门是颐和园正门，是传统的入口。北宫门外地铁4号线设有北宫门站，同时北京观光3线的终点站也位于北宫门，因而也有较多游客从北宫门入园。新建宫门距离颐和园核心景点南湖岛较近，因此也有不少游人选择从新建宫门出入。从南如意门出入的游人主要来自于长河、昆玉河游船。

2.3 团散游线混杂，亟待引导拓展

根据客源市场调查，目前颐和园团客、散客的占比大致为1：4。

团队游客主要线路有3条（图4），分别是：线路1：东宫门—仁寿殿—乐寿堂—长廊—排云门—石舫—排云门—长廊—乐寿堂—仁寿殿—东宫门；线路2：新建宫门—南湖岛—石舫—排云门—长廊—乐寿堂—仁寿殿—东宫门；线路3：南如意门—南湖岛—石舫—排云门—长廊—乐寿堂—仁寿殿—东宫门。

散客线路根据大数据分析，主要有5条（图5），分别是：线路1：东宫门—长廊—佛香阁—万寿山—苏州街—北宫门；线路2：北宫门—苏州街—万寿山—佛香阁—石舫—仁寿殿—十七孔桥—新建宫门；线路3：新建宫门—南湖岛—石舫—长廊—仁寿殿—东宫门；线路4：东宫门—长廊—石舫—长廊—东宫门；线路5：南如意门—南湖岛—文昌院—长廊—佛香阁—北宫门。其中又以线路1、线路2占比大，大约分别为37%、27%。

总体来看，无论是团客还是散客，山前长廊至东宫门一线都是到访率较高的区域。因此，对这一区域的调控管理尤为重要。在调查中发现，散客前往西堤游览的意愿十分强烈，

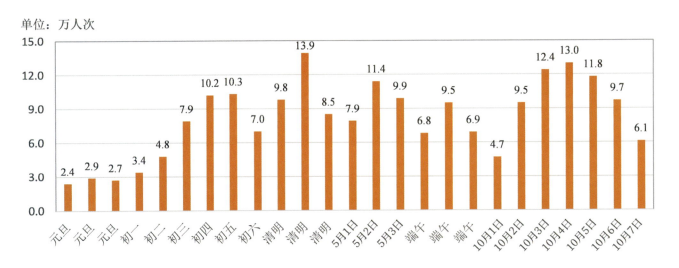

图2 2017年颐和园节假日客流统计　　　　　　　　　　　　　　　　　　　　　　　　　　**数据来源：颐和园管理处**

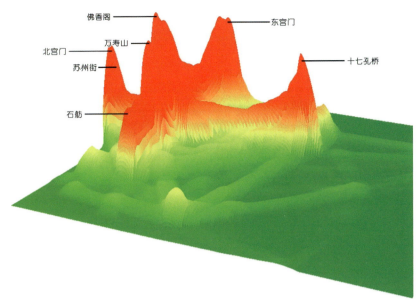

图3 颐和园客流密度空间分布图

图片来源：北京清华同衡规划设计研究院，《颐和园旅游总体规划》

图4 颐和园团队游客现状主要游线

图片来源：北京清华同衡规划设计研究院，《颐和园旅游总体规划》

但由于路程较远，实际转化为游园行动的比例较小。因此，进一步丰富游线组织，特别是方便散客前往西堤、山后地区游览对于缓解山前长廊区域拥挤现象十分重要。

2.4 季节差异明显，淡旺起伏过大

从历史数据来看（图6），7月、8月的暑期和金秋十月是颐和园的旅游旺季，每个月大约接待240万人次游客。冬季的12月、1月、2月是颐和园旅游淡季，一般每个月大约接待60万人次游客。旺季每天接待量大约是淡季的4倍，总体呈现旺季过旺、淡季过淡的态势。未来的客流

旅游容量与目的地管理

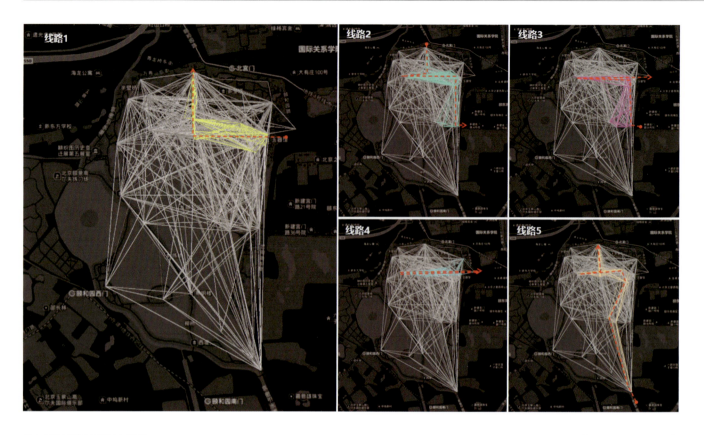

图5 颐和园散客现状主要游线　　　　　　　　　　　　　　　图片来源：北京清华同衡规划设计研究院，《颐和园旅游总体规划》

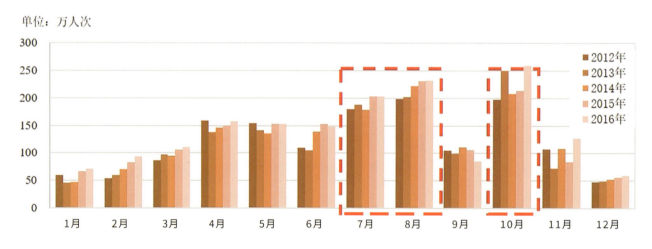

图6 颐和园2012—2016月度接待游客量　　　　　　　　　　　　　　　　　　　　　图片来源：北京清华同衡规划设计研究院

管理应该从四季旅游着手，最终实现"旺季不挤、淡季不淡"的总体目标。

3 客流管理的规划思路

针对颐和园客流时空分布出现的问题，规划提出四点建议。

3.1 限制日游客总量，建立分时预约系统

《颐和园旅游总体规划》确定颐和园瞬时容量为6万人。一般游客游园时间约为4小时，因此确定日接待规模上限为12万人次（图7）。考虑到大部分游客上午入园，因此高峰期瞬时在园游客还是有可能超过6万人。规划提出采取分时网络预约的管控思路实现有序游园。具体来讲，可以按照上午、下午分时段售票，亦可更进一步，将入园时间精确到每个小时。疫情期间，颐和园已经实现网上预约游园，按照日接待规模的

86　TOURISM PLANNING & DESIGN

30%、50%限流错峰开放，初步验证了预约管理的可行性。

3.2 强化核心区域管控，加强内外线路协同

上文提到，万寿山山前长廊一线是颐和园核心游览区域（面积约10万m²）（图8），是团队游线、散客游线的主要重合区域，最易发生拥堵。根据《景区最大承载量核定导则》LB/T 034-2014中古典园林类景区空间承载指标进行容量测算，按照较为舒适的游园状态，取核心游览区游步道人均空间承载指标2m²/人，计算得出该区域环境容量约为5万人。在极端情况下，即使采取分时预约的方式，该区域仍有可能集聚超过5万人。因此规划提出在核心游览区设置15处卡口，内部客流达5万人时限制进入。

除此之外，还可结合"三山五园"的整体规划，设立颐和园应急性园外环线，进一步降低核心区客流密度。在临时管控时，游客在石舫处不再沿着长廊返回东宫门，而是从北如意门出颐和园，乘公共交通返回东宫门或新建宫门。

3.3 实现全园拓展，促进团散分流

颐和园客流管理的长远目标应当是通过重组游线，引导游客向北、向西和向南拓展，从而改善目前空间失衡的状态。

目前游客主要集中在"湖山写真意"片区，未来计划通过苏州街业态升级、回收开放被占建筑、举办特色活动等方式，进一步加强边缘区域产品建设，实现客流由中心热点区域向北、西、南三个方向拓展（图9）。

图7 颐和园苏州街　　徐晓东/摄

图8 颐和园核心游览区管控示意图　　图片来源：《颐和园旅游总体规划》

规划提出针对团队游客和散客应分别形成快慢相宜的主题游览线路（图10），引导游客分流。针对团队游人，强调快进快出，避免长时间停留在园内。团队游客或首次到访散客建议按照"东宫门—长廊—石舫—游船—南湖岛—新建宫门—东宫门"进行游览。针对多次到访的散客，规划加大了万寿山山后、西堤的产品设置和游线设计，设置了山水漫游线（包括清漪怀古游、宗教建筑游、碧波水上游、四季赏花游、园林建筑游、古桥观赏游和农桑文化游等多条主题线路）。山水漫游线既可以缓解山前长廊、南湖岛等景点的压力，也可以更多地展示颐和园的园林文化。目前山前和东堤游人较少去西堤的原因在于景点比较远，环湖游线时间较长。针对这

旅游容量与目的地管理

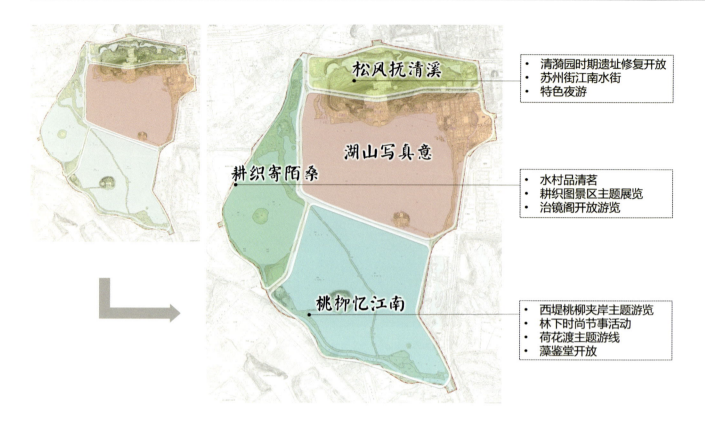

图9 颐和园游客空间引导示意图

图片来源：《颐和园旅游总体规划》

一问题，规划重组了颐和园水上游线，开通了联系东西堤的水上交通航线（图11），方便游客往返。

3.4 开展夜间游园，提振淡季旅游

为了进一步促进全天、全年客流平衡，规划提出开展夜间游园，提振淡季旅游的规划思路。

开展夜间游园活动，避免游人都集中在白天，有利于平衡昼夜客流分布。近期可在谐趣园开展观园林、品清茗、赏国粹等清雅的夜游活动项目。远期可结合颐和园亮化工程，在保证文物安全的前提下，谋划拓展夜游空间。

全年可通过优惠政策、节事活动、文化展览等方式激活淡季旅游，

图10 颐和园精华快游线和山水慢游线规划设想

图片来源：作者自绘

吸引市民游客淡季游览。注重开展四季节事活动，春季赏桃柳夹岸、玉堂富贵，夏季主打荷花渡，秋季举办桂花节，冬季突出金光穿洞和两梅展等特色，进一步削峰填谷，平衡四季。

88 TOURISM PLANNING & DESIGN

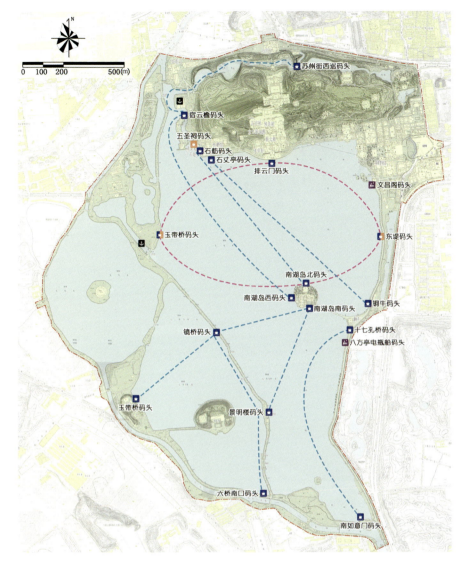

图11 颐和园水上交通规划图　　图片来源：作者自绘

4 结语

在我国"带薪休假"还未完全实现的情况下，节假日高峰期游客超载几乎是所有知名景区都会遇到的问题。中国古典园林曲径通幽的空间特点更容易造成局部拥堵，其可能造成的后果相比于一般景区也就更严重，加强客流管控尤为急迫。

本文结合《颐和园旅游总体规划》编制方案，提出几点管理思路，以期为类似的园林景区提供借鉴：一是分时控总量，根据瞬时容量和日接待规模上限，采用分时预约系统尽量削减日游览高峰；二是临时管核心，可以根据实际情况，对极易产生拥堵的核心区域采取临时性管控措施；三是空间促分流，加强产品和线路设计，完善游园交通设施，促进散客游览颐和园西部和南部区域，从而优化客流空间分布；四是拉长可游期，从全时旅游的思路，加强夜间旅游产品、淡季旅游产品开发，在更长的时间尺度上削峰填谷。

参考文献

北京清华同衡规划设计研究院有限公司，2018.颐和园旅游总体规划[R].

曹霞，吴承照，2006.国外旅游目的地游客管理研究进展[J].人文地理（02）：17-23.

黎巎，2014.基于Agent的景区游客行为仿真建模与应用：以颐和园为例[J].旅游学刊，29（11）：62-72.

黄潇婷，2009.基于时间地理学的景区旅游者时空行为模式研究：以北京颐和园为例[J].旅游学刊，24（6）：82-87.

李莉，颜丙金，张宏磊，等，2016.景区游客拥挤感知多维度内涵及其影响机制研究：以三清山为例[J].人文地理（148）：145-152.

刘少艾，卢长宝，2016.价值共创：景区游客管理理念转向及创新路径[J].人文地理，31（04）：135-142.

卢文刚，2015.景区容量超载背景下的旅游突发事件应急管理研究：以"10·2"九寨沟游客滞留事件为例[J].西南民族大学学报（人文社科版）（11）：138-143.

尹燕，2009.基于旅游环境承载力的可持续发展研究：以泰山风景区为例[D].长沙：湖南师范大学.

朱玉芳，2011.旅游景区核心景点旺季时段旅游容量阈值管理研究：以河南嵩山景区少林寺景点为例[J].林业经济(10)：83-86.

MANNING R E, 2001. Visitor experience and resource protection: a framework for managing the carrying capacity of national parks[J]. Journal of park and recreation administration, 19(1): 93-108.

MCARTHUR S, 2000. Beyond carrying capacity: introducing a model to monitor and manage visitor activity in forests[M]. Oxfordshire: CABI Publishing.

国家公园如何交"疫考"答卷：适度容量下的国家公园保护与规划研究

Responding to the Global Epidemic: Managing Carrying Capacity for the Conservation and Planning of National Parks

文 / 韩林飞　方静莹

【摘　要】

2020年席卷全球的新型冠状病毒引发的肺炎疫情引发了人们对城市、人类和生态环境之间关系的深刻反思，这场全球性灾难让规划者们再次将目光聚焦到生态环境与生物多样性保护的问题上。作为以生态系统、生态过程和生物多样性保护为主要功能的自然保护区域，国家公园的合理保护规划与适度旅游开发对构建人与自然和谐相处的命运共同体具有十分重要的意义。本文在国家公园内涵与发展现状的基础之上，提出了国家公园的过度旅游化问题，并从生态环境、游憩空间、内部设施和游客数量四方面分析了国家公园适度容量的控制要素，最终提出了三点适度容量下的国家公园保护与规划策略：（1）确定国家公园主体地位，科学构建国家自然保护地体系；（2）合理安排游憩空间，适度建设内部设施；（3）创新"互联网+旅游"发展模式，建立疫情防控机制。

【关键词】

国家公园；适度容量；保护规划

【作者简介】

韩林飞　北京交通大学建筑与艺术学院教授、博士生导师

方静莹　北京交通大学建筑与艺术学院硕士研究生

1 引言

新型冠状病毒引发的肺炎疫情在全球范围内的暴发对生态环境及生物多样性的保护发起了巨大挑战，同时也再次警醒着人类要提高对生态系统保护工作的重视与科学规划。国家公园作为自然保护地的类型之一，是生态空间最为重要的自然保护地实体单元，被世界自然保护联盟（IUCN）定义为：为现代人和后代提供一个或更多完整的生态系统；排除任何形式的有损于保护地管理目的的开发或占用（陈耀华 等，2016）；提供环境与文化兼容的精神享受、科学研究、自然教育、游憩参观机会的国家级自然保护区，具有以生态环境保护为主要原则的公益性、国家主导性、科学性的基本特征（陈耀华 等，2014）。面对近年来我国一些自然保护区和国家级风景区所呈现的过度旅游化问题，针对国家公园与"公园"和"风景区"在本质上存在的不同，本文从适度容量角度对国家公园的保护与规划进行研究，提出相应的保护规划策略，科学把握生态系统保护与旅游开发之间的平衡，从而在完善国家公园体制的基础上有效避免实体国家公园规划建设过程出现过度旅游问题，最大限度体现国家公园所具有的集保护性、生态性、教育性、旅游性于一体的特殊意义，以期在时代背景下为国家公园寻找"疫考"试卷的最佳答案。

2 国家公园的内涵与发展现状

2.1 国家公园的内涵

国家公园概念缘起于美国，是美国自然保护主义观、荒野体验需求以及社会民主发展等综合作用的产物（肖练练 等，2017）。在其发展初期，目的主要是在保护原生态自然风景的同时能够满足游客观赏野生动物的需要。1872年至今，国家公园理念逐渐在世界200多个国家盛行，各国分别根据国情与需要建立起自身的国家公园体系并完善适宜的国家公园定位和概念。我国迄今为止并没有对"国家公园"提出明确定义，但通过对国家公园理念内涵的深入研究，目前已形成共识：国家公园是国家批准设立的，以"生态保护第一、国家代表性、全民公益性"为建设理念，以"重要自然生态系统原真性和完整性保护，同时兼具科研、教育、游憩等综合功能"为功能定位的自然保护地（黄宝荣 等，2018），作为国家自然保护地系统的重要组成部分发挥着十分重要的生态保护作用（图1）。由于我国在2008年才刚刚起步建设由国家政府部门统一管理的"国家公园"，2015年颁布了10处国家公园体制试点，虽然各地方部委曾提出过"国家公园"的相关概念，但从严格意义上讲目前我国并没有已经建成的实体国家公园。因此，本研究所指的国家公园总体上指那些由政府划定和管理，以保存和展示具有国家重要意义的自然、生态资源及其景观为首要原则，同时兼有科学、教育、游憩和社区发展等功能的自然保护地（唐芳林，2010）。

2.2 国内外国家公园发展现状

1872年世界上第一座国家公园——黄石国家公园在美国诞生，并于1978年被列入世界自然遗产名录。截至2010年，全球已有125个国家和地区建立了9832处国家公园，已经形成了比较完善的管理理念和运行模式（唐芳林 等，2013）。随着美国国家公园建设活动的开展以及国家公园体制的逐步建立与完善，国家公园作为国家名片与形象代表在全球范围内兴起。英国在20世纪中叶创立国家公园，并出台了一系列法律保护和优化国家自然和文化遗产，在保护前提下实现国家公园旅游盈利，从而促进自然、经济、生态的可持续发展（马洪波，2017）。新西兰迄今为止建立了14个国家公园，共占地30 000 km²，同时建立国家公园体系促进生态环境、本土动植物和公

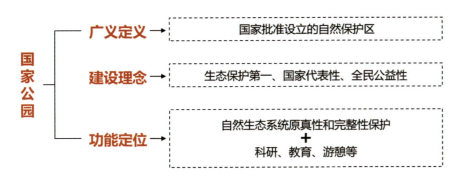

图1 国家公园内涵

图2 香格里拉普达措国家公园　　　　　　　　　　　　　　　　　　　　　　　图片来源：摄图网

园利益保护。日本作为亚洲最早建立国家公园的国家，目前在其境内共划设29处国立公园。在韩国，国家公园也被译作国立公园，目前共有20座，约占国土面积的6.6%。

在国外纷纷建设并研究国家公园的同时，我国也开展了一系列研究工作。"国家公园"这一提法首次于1984年我国台湾建立第一个"国家公园"——"垦丁国家公园"（Kenting National Park）时被提出，是中国第一个以"国家公园"为名称的保护区。2007年成立了中国大陆首个被定名为国家公园的保护区——香格里拉普达措国家公园（图2）。2014年将浙江省台州市仙居县和浙江省衢州市开化县作为首批国家公园试点县（彭永祥，2018）。与此同时，我国颁布了一系列保护条例促进国家公园的保护与发展。

党的十八届三中全会将建立国家公园体制作为推进我国生态文明的重要建设内容与改革任务。党的十九大提出的"建立以国家公园为主体的自然保护地体系"，进一步明确了国家公园体制在我国生态文明体制改革中的重要地位（黄宝荣 等，2018）。我国于2015年出台《建立国家公园体制试点方案》，历经四年探索，截至2019年底，全国已建立东北虎豹、祁连山、大熊猫、三江源、海南热带雨林、武夷山、神农架、普达措、钱江源和南山10处国家公园体制试点（李云 等，2019），涉及青海、吉林、海南等12个省份，总面积约22万km^2，占陆域国土面积的2.3%（表1）。《建立国家公园体制试点方案》中明确指出建立国家公园的主要目的是保护具有国家代表性的大面积自然生态系统，实现自然资源科学保护和合理利用，国家公园是国家批准设立的、实行特殊保护、比国家级自然保护区保护级别更高、保护措施更严的生态空间（党双忍，2020）。我国第一个国家公园体制试点——三江源国家公园于2015年落户青海，开启了中国建设国家公园的新纪元。目前，三江源国家公园已全面完成体制试点任务，具备在2021年底正式设立国家公园的条件。

3 国家公园过度旅游化

"生态优先，绿色发展"时代背景下，各国都在国家公园建设中取得

表1 10处国家公园体制试点

名称	地理位置	区域面积/km²
东北虎豹国家公园	吉林省、黑龙江省	14612
神农架国家公园	湖北省	1170
钱江源国家公园	浙江省	252
武夷山国家公园	福建省	1001.4
祁连山国家公园	青海省、甘肃省	50200
三江源国家公园	青海省	123100
大熊猫国家公园	四川省、陕西省、甘肃省	27134
海南热带雨林国家公园	海南省	4400
普达措国家公园	云南省	1313
南山国家公园	湖南省	636

了一定的进展,但同时也暴露出一些问题。在国家公园的功能定位上,由于对国家公园概念与内涵的理解不到位,出现了两种极端的处理态度:一种过于强调国家公园的旅游属性,将其过度"公园化",开发一系列超出环境承载力的建设活动与基础设施,进而造成对生态系统的破坏;另一种将国家公园视为绝对的禁区,禁止一切活动开展,进而使其丧失了生态环境所赋予的教育、科研、游憩功能。国家公园的保护规划应在两者之间寻求一种适度发展,在充分研究环境容量与环境承载力的前提下,对国家公园进行适度容量的开发与利用,实现环境保护与生态旅游价值。在这两种过于极端的态度中,过度旅游化成为建设国家公园应避免的首要问题。新冠疫情的暴发,让这一问题更加凸显,因此加强对过度旅游化的分析是对国家公园生态发展路径的有益探索。

3.1 过度旅游概念解析

过度旅游指的是一种超出旅游目的地环境承载力的旅游现象,表现为旅游目的地的拥挤,这种拥挤直接关系到旅游目的地的居民生活、基础设施、生态环境和旅游体验。过度旅游是全球旅游发展所面临的问题中最值得关注且十分严肃的问题,如德国IPK国际旅游咨询机构发布的《繁荣还是萧条?旅游走向何方》的世界旅游趋势报告中指出,2017年对世界24个国家29 000名国际旅游者进行调查,结果显示,有25%的被调查者认为旅游目的地存在过度旅游的现象(张广瑞,2018);人口只有162万的西班牙在2017年接待了3 000万人次的游客;此外,由于游客大量涌入,威尼斯本地人生存空间被挤压,威尼斯内城居住人数从1951年的17.5万跌至2015年底的5.6万。蜂拥而至的游客,以及各种各样的旅游活动使旅游目的地生态环境和基础设施不堪重负,最终导致了过度旅游现象。

3.2 我国面临的过度旅游化现状

目前国内众多国家级风景名胜区正面临着明显的过度旅游化问题。一方面表现为在"五一""十一"等黄金假期时段,出现游客数量的瞬时增长与聚集。例如黄山景区在2018年10月1日—4日,共接待游客11.7万人次,同比增长10.96%,景区在10月3日时因日游客接待量接近日最大承载量3万人而首次停止售票。2020年疫情防控期间,黄山景区开放瞬间吸引了大量人流,2万名游客在同一时段内"报复性"扎堆旅游,停车位等旅游基础设施不堪重负,最终使景区连续两天进入紧急闭园状态。另一方面表现为区域内过度开发旅游项目、建设旅游设施。例如泰山岱顶月观峰索道站和几十处采石场的修建破坏了原有的地形与植被,使景区的生态原真性、遗产的真实完整性遭到破坏;黄山索道和五里桥水库51m的高坝破坏了景区原有的地形地貌和生态景观;张家界森林公园建设在砂岩山峰上的世界最高户外电梯——百龙天梯(图3),对山体环境与原生态景观造成了严重的破坏。

一切以破坏环境为代价的开发利用和旅游项目都是对人类生存空间的挑战和对生物权的剥夺。对于具有突出生态保护价值的国家公园的保护与规划建设，更应该去思考如何有效避免过度旅游将会造成的消极影响，处理好旅游与保护间的平衡关系。在"保护优先"原则的基础之上，加强对自然环境、生物多样性和国家级自然保护系统的保护与利用使国家公园更好地发挥科研教育、游憩等多重价值。

4 国家公园的适度容量研究

4.1 相关概念的提出

4.1.1 旅游环境容量

旅游环境容量是一个概念体系，是包含自然、社会、经济环境在内的复合环境系统，指一定时期内不会对旅游目的地的环境、社会、文化、经济及旅游感受等方面带来无法接受的不利影响的最大旅游限度（杨艳，2006）。由于国家公园的旅游活动明显区别于一般景区，更加突出强调旅游的生态性，因此国家公园的旅游环境容量更多强调的是国家公园生态环境系统对生态旅游活动的承受能力。

4.1.2 适度容量

适度容量强调旅游环境容量的适度性，一方面从旅游主体上寻求游客数量与环境规模间的适度比例关系，另一方面从旅游客体上适度开展国家公园的基础设施建设活动。由于适度容量的确定与游客数量、游客体验、生态系统保护效果

图3 湖南张家界武陵源百龙天梯

图片来源：摄图网

图4 美国黄石国家公园　　　　　　　　　　　　　　　　　　　吴必虎 / 摄

等众多要素相关，目前还无法利用具体数据进行精准测算，但从规划层面讲，能通过对控制要素的合理规划来有效保护国家公园的生态环境与生物多样性。

4.2 国家公园适度容量的控制要素

4.2.1 生态环境

国家公园作为自然保护地中的一类，对公众开放的面积只占总面积的5%左右，剩余95%的土地是保护用地，其生态环境不受人类的干扰和影响（杨锐，2015）。对公众开放的5%左右面积的生态环境及其生物多样性的保护，关系着整个国家公园生态系统的稳定。祁连山作为青藏高原北缘的重要生态屏障，拥有十分丰富的矿产、水力和植被资源，白唇鹿、雪豹、冬虫夏草等珍稀野生动植物，在这里悠然生长。在祁连山成为国家公园体制试点之前，人类的愚昧无知和贪欲使其遭受了矿产开采、水电滥造、盗采滥挖等严重破坏。正式成为国家公园体制试点后，祁连山国家公园将涵盖森林、草原、冰川、荒漠等的生态系统作为保护对象，同时对生态系统内的野生动植物进行重点保护。

4.2.2 游憩空间

国家公园作为兼具游憩、科研和教育功能的活动场所，承载着国家的文化与内涵，为对全国人民尤其是青少年进行环境与科普教育活动提供了最佳空间和场地，有利于国民提高科学文化素养，陶冶情操，营造精神家园，因此把握游憩空间的适度容量具有十分重要的意义。美国作为世界上国家公园发展的领头羊，在保护生态环境的同时十分注重对国家公园游憩功能与游憩空间的规划（图4）。一方面从长远角度确定游客游憩需求与游憩资源；另一方面对游客的活动参与、人数统计、访问时间、满意度、花费等进行监测，将数据用于估算国家森林和草原的游憩使用量，从而对游憩空间进行分区、分级的规划设计，以确保合理利用旅游资源。

4.2.3 内部设施

国家公园的内部设施不仅影响着游客的旅游体验质量，更关系着生态系统的稳定，因此要在不破坏

图5 美国加利福尼亚州红杉国家公园营地　　　　　图片来源：摄图网

生态环境的前提下对公园内部设施进行适度的开发与建设，同时保留园区内原有的建筑场所，以更好地实现国家公园生态旅游价值。关于内部设施的适度建设问题，美国国家公园不允许建设任何工业、农业建筑，仓库、餐厅、宾馆以及豪华商店和游乐场所原则上也不允许建设。但对于一些面积较大的国家公园，在内部设施达到环保标准的情况下可以修建少量小型的、朴素的、环保型的、分散的、隐蔽的宾馆和饭店（杨红君，2012）（图5）。澳大利亚和新西兰在国家公园建设过程中，通过建设野营简易基地、高质量游景道和向导性指示牌等基本设施减少游客对生态环境的破坏。

4.2.4 游客数量

游客数量控制在全球各地的国家公园规划与管理工作中都是十分重要的一个环节，直接关系到游客的旅游体验以及生态环境和自然资源的保护。过多的游客不仅会影响旅游体验、生态环境和资源保护，同时也会带来如后勤供应和服务、道路维护、设施更新等其他问题。不同国家根据国情和国家公园自身特色均采取了一定的游客数量控制措施：美国国家公园通过限制门票数量、提高门票价格、规定参观时间段等调节措施来限制游客数量。克罗地亚克尔卡国家公园（Krka National Park）通过严格控制公园参观人数在任何时刻不超过1万人，来实现对游客数量的适度控制。因此现阶段对我国国家公园不同时段游客数量的适度把控十分重要。

5 适度容量下的国家公园保护与规划策略

5.1 确定国家公园主体地位，科学构建国家自然保护地体系

国家公园作为自然保护地的类型之一，规划与保护工作应在自然保护地体系内开展。首先要构建一个科学合理的以国家公园为主的自然保护地体系，明确自然保护地的功能定位，确定国家公园的主体地位，做好顶层设计。一方面，在保护工作中，应先对国家公园内现有生态及物种资源进行整合，将其按照一般保护、重点保护、特殊保护等相关标准进行严格的分类，对于特殊保护用地，应坚持"保护第一，旅游第二"的原则，禁止游客参观游览，以防止人为活动破坏生态系统，将生态功能重要、生态环境敏感脆弱以及其他有必要严格保护的各类自然保护地纳入生态保护红线管控范围，从而建立永续发展体系。另一方面，在规划工作中，应充分挖掘景区可利用的旅游资源，在不破坏其生态价值的基础上向游客适当开放。

5.2 合理安排游憩空间，适度建设内部设施

在国家公园旅游的发展过程中，明确旅游发展定位是关键。既不能将其作为严格意义上的保护区，禁止任何参观、游览活动，又不能将其过度"公园化"，大规模地进行开发建设活动，而是应在二者之间

寻求一个适度发展值，合理安排国家公园内的游憩空间和旅游活动。如结合自然景观的地形地貌条件，分别规划设计人行景观步道、骑行步道，以便开展徒步旅行、登山、露营、骑车等游憩活动；同时在设计时应结合游客对不同景点的游憩需求，确定不同环境和空间下所能容纳人口的最佳值，从而提出分区、分级的规划方案。对不同景点的游憩空间做不同的处理，以确保有效利用景区环境和资源，避免人流过多而导致过度旅游。

5.3 创新"互联网+旅游"发展模式，建立疫情防控机制

推动智慧旅游，通过互联网对旅游客流量进行科学规划与有效防控，是实现国家公园适度容量发展最直接有效的策略。一方面要做好前期规划工作，利用大数据等科技手段在国家公园的售票环节、开放时段、开放景区上进行科学的规划部署，如实行网上预约、不同时段限流和景点错峰开放等。另一方面要做好对人流量拥挤的积极有效防控，如通过后台数据检测区域整体和不同区域的游客数量，结合大数据进行实时分析，对超出环境容量的地区进行警告与人流疏散，同时根据游客数量对公园进行限流。打好前期预防与后期控制的"组合拳"，建立科学有效的疫情防控机制，实现旅游质量提升与生态环境保护，双效并举。

6 结语

国家公园是我国重要的自然保护区域，加强国家公园的规划和管理工作，保护濒危动物种群，维护生态系统平衡，是推进国家公园可持续性发展必须考虑的重要议题。在景区旅游快速发展的背景下，要结合国家公园的特殊性，做好科学开发和环境保护工作，提升国家公园的保护效果及生态旅游意义。本文结合适度容量概念提出了三点国家公园规划与保护策略：一是确定国家公园主体地位，科学构建国家自然保护地体系；二是合理安排游憩空间，适度建设内部设施；三是创新"互联网+旅游"发展模式，建立疫情防控机制，以期对促进国家公园生态保护与旅游发展工作提供一定的借鉴，从而提升国家公园发展的可持续性，实现人与自然和谐发展的目标。

参考文献

陈耀华，张丽娜，2016. 论国家公园的国家意识培养[J]. 中国园林（7）：5-10.

陈耀华，黄丹，颜思琦，2014. 论国家公园的公益性、国家主导性和科学性[J]. 地理科学，34（3）：257-264.

肖练练，钟林生，周睿，等，2017. 近30年来国外国家公园研究进展与启示[J]. 地理科学进展，36（02）：244-255.

黄宝荣，王毅，苏利阳，等，2018. 我国国家公园体制试点的进展、问题与对策建议[J]. 中国科学院院刊，33（01）：76-85.

唐芳林，2010. 中国国家公园建设的理论与实践研究[D]. 南京：南京林业大学.

唐芳林，孙鸿雁，张国学，等，2013. 国家公园在云南省试点建设的再思考[J]. 林业建设（1）：12-18.

马洪波，2017. 英国国家公园的建设与管理及其启示[J]. 青海环境（01）：13-16.

彭永祥，2018. 国家地质公园转型创建国家公园的体制问题[J]. 山地学报，36（2）：312-322.

李云，蔡芳，孙鸿雁，等，2019. 国家公园大数据平台构建的思考[J]. 林业建设（2）：10-15.

党双忍，2020. 让国家公园成为"生态特区"的试验田[N]. 学习时报，03-25（007）.

张广瑞，2018. 旅游可持续发展需要精心设计和良好管理[N]. 中国旅游报，02-28（003）.

杨艳，2006. 湿地国家公园的建立及其生态旅游开发模式研究：以江苏盐城海滨湿地为例[D]. 南京：南京师范大学.

杨锐，2015. 防止中国国家公园变形变味变质[J]. 环境保护，43（14）：34-37.

杨红君，2012. 浅析美国国家公园的管理[N]. 中国旅游报，09-03（007）.

适度容量概念下的旅游规划与实践：以贵州省贵阳市青岩古镇为例

Carrying Capacity Management in Tourism Planning: A Case of Qingyan Ancient Town in Guiyang City, Guizhou Province

文 / 刘志敏　宫连虎

【摘　要】

在消费升级、供给侧改革及推行共建共治共享社会治理制度等宏观背景下，本文对适度容量概念下的旅游规划技术逻辑进行了初步的探索性研究，并将其解构细化为三个层次，即定位的逻辑——多元目标动态耦合，产品的逻辑——产品结构供需均衡，实施的逻辑——推行共建共治共享。适度容量概念下，旅游规划的核心任务是解决旅游业长期存在的"不平衡不充分"问题，实现"稳增长、促改革、调结构、惠民生、防风险、保稳定"的目标，为旅游目的地各个利益相关方谋求经济、文化、社会等不同层面的满意解。基于此，本文以贵阳市青岩古镇为例，进行了相应的实践层面的分析。

【关键词】

适度容量；规划逻辑；规划框架；青岩古镇

【作者简介】

刘志敏　北京工业大学文化创意产业研究所高级工程师

宫连虎　贵阳市花溪区青岩镇原党委副书记，镇长自20世纪60年代现代意义上的大众旅游诞生以来，各地陆续出现"过度旅游"的状况，从比利时的布鲁日、西班牙的巴塞罗那、印度泰姬陵，到泰国玛雅湾、意大利威尼斯，限制过度旅游的社会呼声日益高涨，联合国世界旅游组织（UNWTO）于2019年9月针对过度旅游提出了11项策略（品橙旅游，2019），相应地，"适度容量"的可持续发展思维开始被越来越多地提出和讨论。

1 宏观背景解读

在宏观图景上，适度容量规划与消费升级、供给侧改革及共建共治共享紧密相关，从旅游的角度来审视这三个方面，有助于我们在"道"的层面把握适度容量规划的"法"与"术"。

1.1 消费升级

改革开放以来，中国陆续经历了三次消费升级，当下以教育、娱乐、文化、交通、通信、医疗保健、住宅、旅游等门类为代表的第三轮消费升级正如火如荼。2018年9月20日，《中共中央 国务院关于完善促进消费体制机制进一步激发居民消费潜力的若干意见》公布，为促进消费提质升级绘制了"蓝图"。

中产家庭是本轮旅游消费升级的中坚力量，2020年中国正式跨入了"万亿美元时代"，旅游消费市场的异质化日趋加深，90后和00后人群逐渐步入消费舞台中央，开始真正出现大批愿意为产品品质溢价买单的新兴旅游消费者，非标、文化、研学、社交、艺术、健康、养心等个性化旅游需求正在呈指数级高速增长，适度容量规划应当充分响应旅游消费细分化升级的市场需求。

1.2 供给侧改革

中央财经领导小组第11次会议于2015年首次提出了"供给侧改革"的概念，具体来说就是从提高供给质量出发，用改革的办法推进结构调整，矫正要素配置扭曲，扩大有效供给，提高供给结构对需求变化的适应性和灵活性，提高全要素生产率，更好地满足广大人民群众的需要，促进经济社会持续健康发展。

供给端结构不合理正是过度旅游现象产生的主要原因之一，最常见的旅游瞬时容量超标以及过度商业化均是供给结构存在的问题，适度容量规划除了要在需求端通过智慧旅游等科技手段进行调控，还需要针对供给端产品的结构进行规划安排。

1.3 共建共治共享

党的十九届四中全会提出，要坚持和完善共建共治共享的社会治理制度，保持社会稳定，维护国家安全。其中，共建是共同参与社会建设，是社会治理的基础；共治是共同参与社会治理，打造全民参与的开放治理体系，是社会治理的关键；共享是共同享有社会治理成果，是社会治理的目标（陈一新，2020）。

适度容量规划的重心必然在于对容量的精细化管理，而旅游容量的管理广泛地涉及经济、社会的各个层面，要取得理想的效果，就需要主动从"管理"升维为"治理"，共建共治共享正是推进社会治理现代化的核心方法论。

2 适度容量的概念解析

旅游意义上的"适度容量"，最接近其义的阐释就是适当的"旅游容量"，其中"旅游容量"的概念由拉贝奇（Lapage）于1963年提出，意指"在可持续发展的前提下，在一定时段、一定地域范围内，旅游地自然人文环境、旅游设施设备、社会经济环境、旅游地居民所能承受的旅游者及其相关活动在规模和强度上的最大值"（邓伟志，2009）。因此，可以看出适度容量概念解析的重点，就在于究竟如何界定"适度"。

目前较为通行的观点是从不同维度的承载力数值中取最小值来界定，本文认为与其他产业显著不同，旅游业是一项复杂的社会经济活动巨系统，涉及地方政府、原住民社区、旅游从业者和旅游者，其产业目标导向非常复杂多元，因此应当从社会治理的视角入手，在刚性承载力的约束下，增加综合效用满意解这一界定维度，不仅能够丰富"适度容量"的理论内涵与外延，更重要的是能大幅提升"适度容量"对规划实践的应用意义。

3 适度容量思维下的规划逻辑

如前所述，从综合效用满意解的角度来看，适度容量思维的底层逻辑是帕累托最优（Pareto Optimality），通过对资源的分配来实现整个系统的极限优化。基于此，适度容量思维下的规划逻辑可以解构表述为如下三个方面。

3.1 定位的逻辑——多元目标动态耦合

适度容量思维中的"适度"就是对多个发展目标集耦合的映射，而不同时期不同发展阶段的目标集是不同且动态变化的，因此，适度容量思维下的旅游规划需要首先明确规划期内不同阶段目标集的耦合抉择，以此作为界定是否适度的标尺。

3.2 产品的逻辑——产品结构供需均衡

通常对旅游容量是否适度更多关注的是总量，而实际上适度容量规划更有价值的是，在总量管控的基础上，通过产品在空间与业态上的结构化规划安排来与市场需求精准匹配，从而充分变现旅游目的地的资源价值，得到综合效用满意解。

3.3 实施的逻辑——推行共建共治共享

适度容量规划要真正实施并形成生产力，就必须在供需两端均得到贯彻，而不仅仅是简单地对游客量进行空间分布调配与总量管控。在供给端，通过推行共建共治共享，能够有效提升投入产出效率，通过将规划管理升级为规划治理，促进旅游目的地利益相关者（政府、原住民社区、游客、旅游从业者）间的关系和谐发展（表1）。

4 适度容量规划技术框架
4.1 指导思想

中国特色社会主义进入了新时代，立足于经济社会高质量发展的总体要求，将适度容量规划作为进一步落实旅游业供给侧改革的技术思维与理念，为推进国家治理体系和治理能力现代化助力，为人民群众日益增长的美好生活需要和不平衡不充分的发展之间的矛盾提供系统化的解决方案。

4.2 规划目标

通过适度容量规划，在可持续发展、绿色发展的理念下，突出解决旅游业长期存在的不平衡不充分问题，实现稳增长、促改革、调结构、惠民生、防风险、保稳定的目标，为旅游目的地各利益相关方谋求经济、文化、社会等不同层面的满意解。适度容量思维下的规划目标是动态的，与具体的社会治理目标相适应，要根据旅游目的地特定阶段的经济社会发展主要矛盾来划定"适度"的尺度，以此为基础来构建具体的发展目标。

4.3 空间策略

由于旅游目的地在空间承载力方面必然不是均质化的，因此，适度容量规划的空间策略就是"主动型精细化空间管控与治理"。具体来说，就是基于规划场地条件，从供给端（也可以称之为产品端）入手来主动调配规划区内不同子区域的适度容量值，通过对"场地—产品—空间"结构化参数的精细匹配，最大化地挖掘旅游空间的产出，以空间治理与空间结构优化提高规划实施效益。

4.4 产品规划

从实践中看，适度容量规划在产品端的价值体现有两个方面，一是根据空间承载需求来选定适配的产品类型，二是从结构上控制不同类别产品（业态）的配比关系。

具体来说，前者在规划实践中较为常见，由于不同产品的适度承载力有明显区别，因此，可以通过适度容量规划，根据设定的接待量指标来遴选合适的产品类型与内容。后者则在正式的产品规划研究中涉及较少，更多的是在产品规划落地之后再通过业态策划来被动地填充经营内容，适度容量规划将产品业态配比控制前置，在总的容量规划下安排不同业态的构成指标方案。

4.5 规划实施

联合国世界旅游组织于2019年提出了关于应对过度旅游的11条规

表1 管理与治理内涵对比一览表

维度	管理	治理
权利主体	单一	多元
权利性质	强制性	协商性
权利来源	法律、政策文件	法律、政策文件，非正式契约，自治条例
运行机制	行政化机制	协商民主机制
运行方向	自上而下	互动、平行
作用范围	政府权力所及之领域	公共领域

图1 沸腾的青岩古镇　　　　　　　　　　　　　　　　　　　　　　　　　　　　　　　　　　　倪建平/摄

划实施对策，具体内容如下：(1)推动游客在城市内外分散；(2)鼓励游客根据时间点分散旅游；(3)刺激新的旅游行程和景点的开发；(4)审核并采用相关旅游规定；(5)增强游客的分流；(6)确保当地居民从旅游中受益；(7)创造为当地居民和游客带来好处的城市体验；(8)改善城市基础设施和基础设备；(9)与当地利益相关方进行交流，并让他们参与到过度旅游的优化工作中；(10)与游客进行交流，并让他们参与到过度旅游的优化工作中；(11)设置监管和响应措施。

以上实际上就是在适度容量理念下规划实践的操作思路，具有很好的通用指导性和参考性。除此之外，本文认为还应当结合中国国情，重点在以下三个方面推行适度容量规划。

一是行政立法工作。适度容量规划方案完成后，实施阶段最大的难题在于如何落地管控，相比于通过大数据等技术来智能化管理客流量需求端，精细有效地管控产品供给端的容量难度更大，最有效的方式就是进行针对性地立法，对产品供给的某些带有明显外部性效应和公共利益性质的方面进行更为刚性的法治化管理。

二是共治共享工作。如前所述，旅游业是典型的巨系统，适度容量规划的落地实施靠单一主体无法完成，大量的旅游目的地都涉及原住民及产业开发者等各方复杂利益关系网，在容量治理推行过程中极易发生非常现实的利益冲突，激烈度往往难以控制，设计合理的共建共治共享机制，能够更有效地推动各利益方获取各自诉求的最大公约数。

三是党建引领工作。在适度容量规划实施过程中，完全靠市场化的方式来调和各利益方是理想化的状态，尤其是涉及利益分配先后、均衡等问题时往往会陷入胶着博弈的低效状态，可以充分发挥我国的制度优势，通过基层社会治理中的特色党建力量来破局，弥补市场失灵带来的负面问题。

5 青岩古镇适度容量规划实践

适度容量规划目前是较为先锋的规划理念与方法，在实践中案例并不多见，相对来说，贵州省贵阳市青岩古镇是目前较为典型的适度容量规划实践案例之一（图1）。

图2 青岩古镇全景

5.1 古镇概况

青岩古镇行政上隶属于贵州省贵阳市花溪区青岩镇，位于贵阳市南郊29km处，距花溪区12km，是中国历史文化名镇、首批中国特色小镇、贵州省四大名镇之一（图2），至今已有640多年的历史，整个古镇总面积4.8km²，核心区域面积0.8km²，分为南街、北街、西街、东街、明清街、横街、西下院街等街道。官方统计数据显示，2019年青岩古镇共接待游客874.69万人，旅游综合收入117 512.07万元，人均消费约134元。

古镇景区内共有商户540余户，主要经营餐饮、住宿、旅游商品等业态，目前有餐饮经营户约140户，副食品经营户近150户，住宿经营户约70户，其他类别180余户。就行业分布来看，本地商户以餐饮、住宿行业为主，外地商户以旅游商品销售为主；就本地商户所占比例来看，餐饮行业本地商户占90%，住宿行业本地商户占80%，旅游商品销售行业本地商户占25%。

5.2 规划背景

自2017年青岩古镇被评为国家ＡＡＡＡＡ级旅游景区以来，区域旅游经济快速发展，旅游消费持

徐雁 / 摄

5.3 规划举措

针对上述问题与矛盾,青岩镇党委政府本着区域旅游经济高质量发展的理念,重点从共建共治共享层面创新规划管理举措,着力聚焦解决供给侧/产品端的适度容量治理问题。

一是实施行政立法,适度容量规划实施有法可依。为解决青岩古镇的经营管理主体不明确、管理缺乏有针对性的法律依据等问题,贵阳市专门成立了全省第一个文化旅游创新区管理委员会(正处级机构),下设青岩古镇景区管理处(正科级机构),专司青岩古镇景区管理相关工作,强力推动立法进程。花溪区在贵阳第十四届人大会议上提出制定青岩古镇保护条例议案。2019年4月26日,《贵阳市青岩古镇保护条例》(以下简称《条例》)经贵阳市第十四届人民代表大会常务委员会第十一次会议研究通过并报请省人大常委会批准,自2019年10月1日起施行。《条例》中对青岩古镇的保护、商业开发、市场秩序、环境卫生、消防安全等方面做出明文规定并明确处罚条款,为青岩古镇容量治理及保护与开发提供了法律依据。

二是创新共治模式,容量管控多方共赢。首先,牵头成立青岩古镇景区共治委员会,由青岩古镇景区管理公司、青岩贵璜中学、青岩小学、青岩农商银行等驻镇重点单位组成,共治委组织机构采取轮席制度,每年轮流由共治委组成单位负责人来担任轮值主席,负责组织、承担和安排当年景区共治委工作。其次,青岩镇党委政府倡议成立各行业协会,青岩镇文化产业促进会、餐饮行业协会、住宿行业协

续活跃,游客接待量屡创新高,但与此同时,由于古镇游客量剧增、行业深化发展,古镇管理不规范的问题曾一度十分明显,主要有以下四个方面:一是停车难、乱,古镇原有停车位难以满足剧增的游客需求,周边大量私人停车场应势而生;二是业态项目过于单一集中,且开始出现占道经营、喊客拉客、商品未明码标价等旅游市场乱象;三是店内乱、门前脏,部分商户我行我素,后厨卫生不洁、门头牌匾与古镇风貌不符等现象时而出现;四是乱收费、黑经营,古镇外围跑黑车、黑导游、停车乱收费、车辆乱停放、商户带客规避门票等问题屡禁不止。

以上四个方面的突出难点与矛盾,就构成了青岩古镇以问题为导向的规划管理与实施背景。

图3 朝阳中的青岩古镇

会、银饰行业协会、旅游商品协会等5家行业协会相继成立，协会通过制定章程、诚信经营守则、商户退出机制等制度约束协会内部成员，开创以行业"自治"推动"共治"新局面，避免同类业态数量过于集中，因超过适度的市场容量而发生恶性竞争。再次，开辟商户诚信"红黑榜"，根据古镇规范管理执法检查结果、行业协会自查及游客反映，定期向社会公示青岩古镇经营户诚信红黑榜，将诚信、守法、文明经营且表现优秀的商户列入红榜名单；对存在问题的商户，书面告知后仍未整改的，列入黑榜名单进行公示，引导古镇产品业态在适度容量共赢框架下良性竞争发展。

三是强化党建引领，破解市场失灵难题，促成适度容量规划举措快速落地实施。青岩镇将党建统筹共治向社会组织、非公企业、行业协会、乡贤达人、党员群众延伸，选派党建指导员入驻景区商户，推动联合党支部对景区非公企业、社会组织全覆盖，向古镇核心景区注入强劲的"党建力量"，重点发挥党员的识大局意识，在古镇适度容量规划实施中起到示范带动作用，成立青岩镇传统文化产业促进会联合党支部，以古镇核心景区为阵地，积极推选党员先进经营户，2018年共推选出9户，其中银饰行业1户、餐饮行业4户、住宿行业4户，积极参与古镇适度容量规划实施落地工作。

5.4 经验总结

青岩古镇从构建共建共治共享社会治理新模式入手，从产品端的适度容量精细化、结构化调控来优化业态经营水平，使其与市场需求相适应，避免了过度开发带来的诸多弊端，提升了古镇旅游经济总体发展质量，同时立足于党建引领多方参与的共同治理体系制度，有力保障了适度容量规划实施落地，是适度

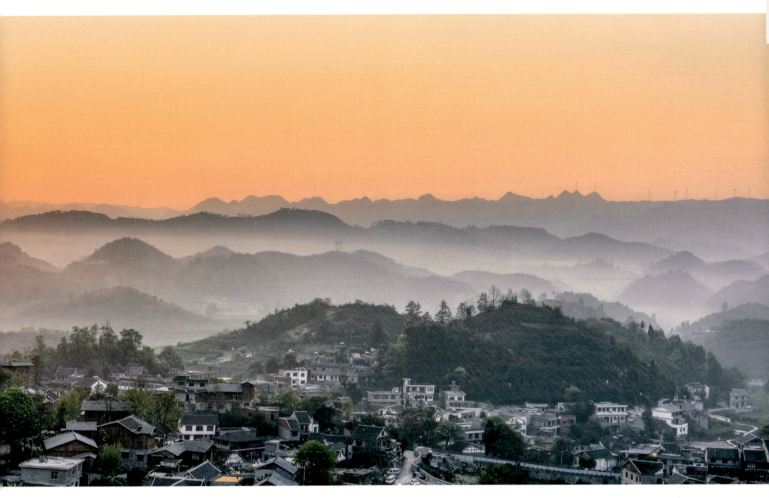

胡现森 / 摄

容量规划在旅游目的地优化提升实践中较有借鉴性的样本（图3）。

6 结语

当下新型冠状病毒肺炎疫情逐渐得到有力管控，旅游消费市场在逐步回暖复苏。可以肯定的是，后疫情时期旅游消费市场对旅游产品的适度容量特性将更为关注，适度容量不仅能够有力地保障游客在旅游消费活动中的卫生安全，同时也是国民消费升级背景下市场对更高品质旅游产品的强劲需求，适度容量旅游规划正是打造这类旅游消费升级产品的新思维与新技术，也是促进旅游业供给侧结构改革与高质量发展的新思路。

参考文献

陈一新, 2020. 坚持和完善共建共治共享的社会治理制度[DB/OL]. (2020-01-20). http://cpc.people.com.cn/n1/2020/0120/c430519-31557034.html.

邓伟志, 2009. 社会学辞典[M]. 上海：上海辞书出版社.

品橙旅游, 2019. UNWTO：热门目的地应对过度旅游的11项策略[DB/OL]. (2019-03-11). http://www.pinchain.com/article/185894.

中国新闻网, 2019. 习近平这样部署供给侧结构性改革[DB/OL]. (2019-02-27). http://www.chinanews.com/gn/2019/02-27/8766119.shtml.

敦煌莫高窟

预约旅游作为过度旅游的解决途径
Online Booking as a Solution to Overtourism

路梦西　吴　青　预约旅游：景区智慧化运营的一线实践
鲍贵宝　　　　旅游实名分时预约模式探讨

预约旅游：景区智慧化运营的一线实践

Online Booking for Attraction Entrance: Strategies and Practices of Smart Tourism Attractions

文 / 路梦西　吴 青

【摘　要】

旅游流动已经成为目前中国人口流动的重要组成部分，带来的社会治理效应和管控治理难题日渐成为常态。景区智慧化发展的政策窗口期由来已久，疫情倒逼以预约旅游为代表的景区智慧化建设日益提速。面对统一预约难、科学限量难和错峰管理难几大管理痛点，美团文旅综合管理平台以"文旅智能+"为设计理念提供"1+1+1"综合解决方案，即1个文旅综合管理运营平台、1个文旅产业智库、1套文旅智能+综合解决方案。打造统一预约中心、文旅大脑与城市名片，助力文旅融合平台化和全域营销数字化；培养行业专业人才并推行线上授课，助力人才培养多样化；提供超级管理体系，为景区提供智慧运营系统，通过多系统综合调度，助力政府全面推动文旅新基建，提升景区综合管理运营能力。

【关键词】

预约旅游；互联网；文旅综管平台；景区智慧化管理

【作者简介】

路梦西　美团点评中央政府事务部资深总监，美团点评文旅产业促进和交流合作中心总经理
吴　青　美团点评门票度假事业部门票预约项目组负责人

2020年3月31日下午，习近平总书记在考察杭州西溪湿地后提到，"预约旅游，是一个国家治理水平的表现。该管起来就能够迅速地管起来，该放开又能够有序地放开、收放自如、进退裕如，这是一种能力"。预约旅游第一次被上升到政府治理能力的高度。总书记的系列指示，结合近年来各地在预约旅游方面的积极实践，充分阐述了未来进一步推进以预约旅游为代表的景区智慧化进程的重要意义。

1 我国景区正面临智慧化发展的重要机遇

近年来，国务院和文旅主管部门多次对文旅产业的智慧化发展提出工作要求：

2019年7月，国务院总理李克强在国务院常务会议上明确提出，要以"互联网+"提高文化旅游消费便利度，加强对旅游景区消费便利度的量化评估和动态监测。

2019年8月12日，国务院办公厅发布《关于进一步激发文化和旅游消费潜力的意见》，要求推动旅游景区提质扩容，要推进"互联网+旅游"，强化智慧景区建设，实现实时监测、科学引导、智慧服务。同时，推广景区门票预约制度，合理确定并严格执行最高日接待游客人数规模。到2022年，AAAAA级国有景区要全面实行门票预约制度。

2020年疫情期间，文化和旅游部印发了《旅游景区恢复开放疫情防控措施指南》，指南中提出景区要严控游客流量，科学合理设置承载量，要有效采取门票预约、智慧引导等手段，科学分流疏导游客，做好游客流量关口前置管控。随后，各地文旅部门陆续发布相关公告，指导景区采取在线预约等智慧化管理方式有序恢复开放。

2 疫情后景区主管部门的管理痛点

2019年，全国旅游人次超过60亿，旅游总收入超过6.5万亿元（文化和旅游部，2020），旅游流动已经成为目前中国人口流动的重要组成部分，这种流动性背后所带来的社会治理效应和管控治理难题日渐常态化。防控与开放之间的"平衡"，既要考虑景区所在地区的疫情防控形势，也要考虑景区资源的空间特点，还要考虑旅游者在景区内的行为特征。当地政府和景区管理者还需制定、调整、响应、反馈不同的平衡节点和管理措施。本次突如其来的疫情，正是对旅游治理水平的考验：

（1）疫情过后形成旅游行业新常态，常态化防疫管控下"预约管理"难

根据疫情防控形势和防控措施的有关要求，景区预约制度、控流量、防聚集或将成为一种新常态。目前，"预约旅游"对很多人来说还是个新鲜事物，随着相关配套举措的合理落实，补齐各项短板，"预约旅游"才能真正做到常态化，并且被更多人接纳，从而更好地满足游客与景区等各方的需求。

（2）景区运营情况复杂，"科学限量"难

不同类别的旅游景区，其出入口、游线、游览组织形式、聚集停留点多寡不尽相同，所对应的游客管理措施也都各不相同。疫情后更需切实提高景区承载量管理的精细化程度，对关键节点、重点区域的瞬时最大承载量进行重新核定，合理控制日接待量，做好景区限量管理。

（3）景区智慧化水平参差不齐，"统一预约"难

景区自身需要快速建立完善的门票分时段预约系统。对主管单位而言，更需要充分发挥统一预约平台的价值。第一是将官方信息准确告知游客，避免人群不必要的聚集；第二是集成各方数据，对实际的入园人次有监控，对所有景区各个时段的游客有掌控可追溯；第三是完全的统一平台，可以直接有效管理门票库存和预约规则，做到收放自如。

（4）游客渠道分散，"错峰管理"难

游客购票渠道分散，难以对用户大数据做统一分析和消费行为预测，难以追踪游客后续入园情况，景区实时预订信息和在园人数数据不准确，错峰调度难度高。

3 疫情期间美团平台门票预约系统实践

景区的智慧化，并非简单的在线售票，而是将互联网的思维和方式运用到景区运营及管理服务的方方面面，比如网络预约售票，这不仅是经营行为，更是对景区单日游客总量控制的一种技术呼应与政策响应。

疫情期间，美团门票预约项目组与多家AAAAA及AAAA级景区迅速确立合作意向并完成了预约项目的快速落地，有效帮助目的地景区实现高效运营与管理。美团与北宫森林公园实现"最快签约"，从意向到签约仅用了6天。与沈阳"九·一八"历史博物馆的合作实现了"最快落地"，签约后立即上线电子票，实现了实名预约和分时预约特殊需求定制，从签约到落地仅用了11天。

美团在景区智慧化管理实践中，为景区提供门票预约的软、硬件系统建设以及人流高峰期的现场社会化运营服务。以西安博物院为例，景区关闭了现场换票窗口，仅保留1个综合服务窗口，用于处理外宾及未带身份证游客的换票工作。从用户操作流程来看，用户通过平台搜索景区产品进入景点页面，输入身份证号、手机号，并选择游玩日期，在确认信息后提交订单，支付成功后完成预约操作，后续到达景区门口刷身份证即可入园（图1）。

同时，游客还可在西安博物院官方微信的门票预约页面输入身份证号、手机号，选择游玩日期，支付后即可完成预约。

系统上线后，西安市文旅局通过各种形式对"入园实名制、免接触网络预约"进行了广泛的宣传，对全市景区推行这种智慧化管理方式提出了指引（图2）。

美团后台数据分析显示，提前购票、取票方便、预约便利、节约时间等是游客对美团门票智慧管理系统的共性反馈，游客的游园体验也因此得到提升。在对传统景区基础设施智慧化能力不断升级的实践中，美团为景区的竞争力和消费增长打下了坚实基础，也为文旅产业"新基建"提供了典型案例和有力佐证。

4 以预约旅游为代表的美团智慧运营平台

以预约旅游为代表的美团智慧运营平台结构如图3所示。

4.1 文旅综合管理平台建设背景

以"文旅智能+"为设计理念提供"1+1+1"综合解决方案，即1个文旅综合管理运营平台、1个文旅产业智库、1套文旅智能+综合解决方案，其中文旅综合运营管理平台致力于为政府打造统一预约中心、文旅大脑与城市名片，助力文旅融合平台化和全域营销数字化；文旅产业智库将联合美团大学，以美

图1 西安博物院门票美团预约操作界面　　　　　　　　　　　　　　　　　　　　　　　　　　**图片来源：美团**

图2 新闻页面　　　　　　　　　　　　　　　　　　　　　　**图片来源：西安市文化和旅游局官微**

景学院为载体，培养行业专业人才并推行线上授课，助力人才培养多样化；文旅智能+综合解决方案为政务提供超级管理体系，为景区提供智慧运营系统，通过多系统综合调度，助力景区管理智能化。文旅"1+1+1"目标助力政府全面推行文旅新基建，提升综合管理运营能力。

4.2 文旅综合管理平台建设原则

（1）纵向能贯穿

美团点评大数据中台与国家政务服务平台数据库打通，赋能景区实名认证与健康校验，助力景区精准防控疫情和有序复工复产。国家政务服务平台由国务院办公厅主办，依托统一身份认证系统、统一电子证照系统，利用汇聚的卫生健康、民航、铁路等方面数据，为公众提供本人防疫健康信息相关查询服务，目前实名注册用户突破1亿，总访问人数超8亿，用户使用量超45亿。

（2）横向能融合

全面覆盖游客、景区、旅游管理者需求，提供完整的旅游应用服务，对三类主体提供的服务进行融合，实现数据共享和旅游行业生态联动。

（3）外围能扩展

整合来自相关行业（吃、住、行、游、购、娱）的信息，并与其他智慧系统进行数据交换和共享，平台可拓展、可迭代、可升级。

（4）整体可对接

城市级平台可对接全部景区和门票行业全部渠道，实现票务信息的全面、准确、实时同步，省级平台可对接智慧城市体系。

4.3 文旅综合管理平台总体规划

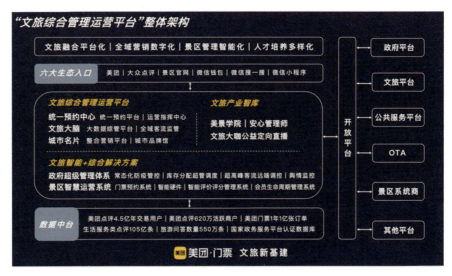

图3 美团智慧运营平台结构　　　图片来源：美团点评

图4 美团文旅综合管理平台规划　　　图片来源：美团点评

文旅综合管理平台总体规划如图4所示。

（1）统一预约平台

统一预约平台令游客可知可感，放心游玩：为各市建立本地景区预约（入口）平台，为各省建立省级统一平台，链接各旅游景区预约通道入口和景区实时预约情况展示界面。实现景区所有预约门票的渠道都在省市平台汇总，一个平台实现所有门票预约、库存管理、数据统计的功能。通过美团、大众点评、景区官网、微信钱包、微信搜一搜、微信小程序六大入口全面实现亿级流量导入。

（2）文旅大脑

文旅大脑通过大数据管理景区，客流数据真实、及时、准确。依托美团点评全量数据，全面分析用户属性（年龄、性别等）、客源地与消费水平；依托物联网系统客流监控数据，全面分析用户行为数据（出入园时间、行中浏览轨迹等），对数据进行智能交叉分析，结合美团门票本异地、新老客、平台浏览数据，综合分析用户画像；通过用户画像，聚合景区画像，定位景区消费群体，为后续精准营销提供决策依据。

（3）景区/目的地实时客流监控

集成渠道商、物联网、运营商大数据，全面汇总售票数据（分渠道、分日、分小时）、入园人数（区分各检票口实时数据与分小时数据）、出园人数信息（区分各出园口实时数据与分小时数据），智能分析园内拥挤度，通过热力图及拥挤度数字两种表现形式展示，便于主管部门监控景区客流信息。

（4）景区/目的地预订趋势分析

智能分析游客线上浏览行为（浏览景区类型比对、浏览时长分析）、游客门票消费行为（月消费次数、品类偏好、平均单次消费金额）、购买游客的行后景区评分（月平均），结合游客距景区距离，综合分析景区/目的地预订趋势，智能预测辅助高峰期门票库存调整与限流政策。

（5）景区/目的地异常报警

科学核定景区/目的地瞬时最大承载量，系统设置库存上限与预警机制，可提供远端调控能力，提醒游客调整行程，以减少信息不对称带来的游客投诉；对即将前来的预约用户推送入园注意事项；在即将到达客流上限时，推送告知已预约用户错峰前来或改期；景区已限流时给处在景区周围的用户推送限流通知，避免人流继续前来景区。

（6）分城市/区域进行数据分析统计

聚合城市/区域数据，分析省市游客流向图，智能展示各景区热力图，留存每日各景区票务数据与用户信息，沉淀数据以便主管单位后续追踪与分析，定位省市内热门景区，助力省市全域旅游精准营销。

（7）景区智慧运营系统

按照全省平台的标准要求，为本地景区新建/升级/对接智慧票务系统，真正实现分时段售票和对售票数量的有效控制，全面对接景区渠道商，实现票务信息全面、准确、及时同步，利用统一预约平台对全省景区做统一运营管理，让门票预约可视化、标准化，便于政府部门监管，同时美团可以提供景区系统升级补贴（补贴费用视合作形式而定）。

（8）政府超级管理体系

配备客流量监测分析系统、景区运营超管系统、网络舆情监测系统三大系统，根据主管单位需求定制化开发，客流监测分析系统可集成渠道商、运营商、物联网等多系统数据，智能分析域内景区实时客流信息；景区运营超管系统可为主管单位配置"超级管理员"权限，一键调配景区门票库存，一键远端触达游客，统一管理、统一运营、统一调度，保障节假日高峰服务安全；网络舆情监测系统可收集全网用户评价信息，全面监控、及时预警，有助于主管单位和景区迅速定位并解决问题。

5 关于提升景区智慧化进程的建议

景区的智慧化升级改造已成为政府提升景区综合治理能力的重要手段。于政府而言，可以有效做好全程管控，帮助景区营造更加安全有序、文明和谐、令人放心愉悦的游览环境；于景区而言，可以帮助景区加强流量监控，科学引导游客分流，控制排队的时间和规模，降峰平谷；于游客而言，线上预约，刷身份证入园，能够有效安排时间，减少接触，游园更加便利且安心。为避免类似2020年清明节假期黄山景区入园高峰拥堵情况再次出现，更好地推动全国景区智慧化水平整体提升，建议围绕以下几个方面进一步做好相关工作。

一是将景区智慧化水平指数纳入景区等级评定和文旅示范项目体系，并将其作为衡量地方文旅产业发展水平的重要指标。鉴于景区智慧化水平对文旅产业转型升级有重要推动作用（张凌云 等，2018），行业管理部门在实际操作过程中，通过多种维度推动景区的智慧化升级改造，包括但不限于在 A 级景区的评定指标中明确相关要求、在各类文旅示范项目的评定体系中明确相关标准，以及对地方文旅产业的发展明确考核指标，等等，从而在根源上引起地方文旅部门以及旅游景区的高度重视。同时可从实操上给予地方必要的政策指导和资源支持，支持有实操经验的企业给予必要的技术和资源投入，通过多方合力，推动景区实现智慧化升级改造。

二是积极推动行业协会和社会企业牵头制定和实践景区智慧化相关标准。推动高质量发展，高标准引领是关键（舒伯阳 等，2015）。疫情后期，美团优先构建了行业领先的酒店、民宿安心住和景区安心玩标准体系，确保了旅游行业消费环境的安全。因此，建议政府层面推动行业协会和有相关经验的社会企业牵头制定景区智慧化的相关标准，通过强有力的标准支撑对景区智慧化升级改造进行有针对性的指导，从而确保智慧化过程有章可循。最终，通过打造景区智慧化系列标准体系，促进行业健康有序发展。

三是加大对文旅"新基建"的投入，提升景区整体智慧化服务能力。在"新基建"发展的大趋势下，建议政府加大对文旅行业新型基础设施建设项目、资金和科技的投入力度，同时也可借助社会企业的力量，帮助目的地的政府和景区做好旅游资源的精准规划与流量监控，最终提升综合治理能力。企业更应抓住机会，基于自身的智慧化场景服务，协助提升景区运营效率，降低过分依赖物理场景的劣势，推动完成产品迭代和服务升级。

四是强化消费者对预约旅游的认知，培养提前预约的消费习惯。随着人们生活水平的提高、物质的极大丰富，游客对旅游品质的要求也越来越高，而"预约制"恰好可以解决扎堆旅游体验感差的痛点。在2020年疫情之下的"清明节小长假实验"中，越来越多的人正在习惯提前规划，做好预约，利用闲暇自由时间出游，提高效率，节省时间。这种方式不仅可以让人们熟悉并习惯出游预约的模式，久而久之还能顺理成章地改变人们的出游习惯。建议政府和社会借此加强对预约制度的宣传和对游客的引导，普及预约知识，强化信息发布，倡导"无预约不旅游"，加大文明旅游宣传力度。

参考文献

央视新闻客户端，2020. 习近平：收放自如 这是国家治理水平的表现[EB/OL]. http://app.cctv.com/special/cportal/detail/arti/index.html?id=ArtivfFlEJhqO55G8SHKvDHR200401&fromapp=cctvnews&version=727.

国务院，2019. 全国深化"放管服"改革优化营商环境电视电话会议重点任务分工方案[Z].08-15.

文化和旅游部，2020. 中华人民共和国文化和旅游部2019年文化和旅游发展统计公报[Z].06-22.

张凌云，乔向杰，黄晓波，2018. 智慧旅游的理论与实践[M]. 天津：南开大学出版社.

舒伯阳，徐其涛，2015. 智慧旅游标准化与信息化的一体化建设初探：以武汉市旅游标准化综合信息支撑平台的构建为例[C]//准化改革与发展之机遇——第十二届中国标准化论坛文集，中国标准化协会.

旅游实名分时预约模式探讨

Real-name and Time-distribution Online Booking System: An Experimental Study

文 / 鲍贵宝

【摘　要】

疫情趋弱，余波仍在。"冲击"的另一面，是一种对行业的"倒逼"，而谈起这个话题，就绕不开"分时预约"四个字。分时预约制的广泛落地，既符合政策要求，又是景区需要，旅游景区全面落实"限量开放、预约开放、错峰开放"的要求，建设或升级改造预约、票务、闸机等系统，实现游客间隔入园、错峰旅游，完善全渠道实名制分时预约机制，强化游客流量管理，可以有效应对假期游客高峰，防止流量超限。

【关键词】

实名制；预约旅游；分时预约；预约模式

【作者简介】

鲍贵宝　原浙江深大智能集团副总裁/CMO

1 引言

实名分时预约已经不是一个新名词。2014年，莫高窟成为国内实名分时预约第一个"吃螃蟹"的景区。为了解决莫高窟游客观光与文物保护的矛盾，经多年科学论证，敦煌研究院联合实名预约平台技术提供方——深大智能集团于2014年8月启动莫高窟旅游开放新模式——门票实名预约制，游客和旅行社通过莫高窟预约网进行实名购票、验票。近年来，敦煌研究院严格执行单日6 000人次的游客承载量上限和1.2万张B类门票对客流进行调控，有效缓解了景区接待压力。

近年来，门票预约也越来越成为A级景区的"标配"。以故宫、八达岭等为代表的诸多景区早已实行门票预约制度，通过预约限制客流，可有效优化游客体验感和提高满意度。青海茶卡盐湖、苏州拙政园、狮子林、留园、乐山大佛、武汉黄鹤楼、安顺黄果树、北京恭王府、国家博物馆、杭州千岛湖、广州塔等诸多景区也陆续实行了门票预约制度，游客通过网络实名制预约购票。

2019年，国务院办公厅发布《关于进一步激发文化和旅游消费潜力的意见》，进一步明确"推广景区门票预约制度，合理确定并严格执行最高日接待游客人数规模。到2022年，AAAAA级国有景区将全面落实门票预约制度"的要求。2020年的疫情进一步加速了各大景区实名制分时预约推行的进程。

2020年2月25日，文化和旅游部印发《旅游景区恢复开放疫情防控措施指南》，指出：坚持分区分级原则，不搞"一刀切"。按照外防输入、内防扩散的要求，对旅游景区开放条件和必要性进行全面评估。疫情高风险地区旅游景区暂缓开放，疫情中风险和低风险地区旅游景区开放工作由当地党委政府决定。强调运用门票预约、智慧引导等智慧手段，科学分流疏导游客，做好游客流量关口前置管控，强化景区游览管理。

在2020年5月召开的"推进全国旅游景区预约管理工作电视电话会议"上，文化和旅游部原部长雒树刚发表讲话，提出了深入贯彻习近平总书记重要指示精神，高度重视旅游景区预约管理工作等三项意见，再次强调了景区预约制管理的重要性。近几年，文化和旅游部及各地文旅主管单位曾多次发文要求景区推进"分时""预约游览"工作，把实名制分时预约制度的推广摆在重要的位置。

政策要求加上疫情管控带来的刚性需求，让实名分时预约制在全国各级景区迅速铺开。实名制分时预约体系的推广使用，提升了众多景区的运营水平，给游客、景区运营方、政府主管部门都带来了显著的效益。门票预约制度是现阶段景区守好"大门"的必要措施，也是疫情防控的有力举措，未来也是相关文旅景区打造数字化景区、卫生景区、平安景区等的重要手段。

2 实名分时预约的必要性

2.1 实名分时预约解决方案的设计初衷

景区为了解决高峰期接待能力不足，容易出现游客长时间排队、高峰时段人员密集，游览体验差等问题，同时也为了有效避免游客聚集带来安全隐患，以及平衡资源的有效保护和游客有序游览，提出了实名制分时预约的解决方案（如莫高窟）。

实名分时预约不可或缺的条件包括售票网络化和实名制登记。景区根据自身承载量将门票库存分配至若干时段内，供游客选择，错峰入园，提高入园时效。游客通过官网、公众号或其他授权渠道线上预约游览日期和时间段，绑定身份信息后，在预约时间到景区门口，核验后入园游览，可以较好地避免前文提及的问题。

2.2 为什么要实名制预约
2.2.1 疫情防控的要求

2020年疫情后，各地景区陆续开园营业，实名制预约成为"刚需"。大多景区恢复开放后，采取控制实时游客量、游客通过实名制网络预约购票、分时分段进入景区、团队游客不得超过30人等防疫措施。浙江、江西、安徽、海南等地都陆续出台了景区疫情防控期间安全开放的工作指南。如2020年2月14日，浙江省旅游协会发布《浙江省新冠肺炎防控旅游景区有序开放工作指南60条》，提出守住景区开放的"大门"，鼓励实行预约制等限流措施，日接待量不超过日最大承载量的50%。瞬间流量不超过最大瞬时流量的30%，确保游客间距能达到1.5m以上。

总体来说，景区细化规定游客间距和游客量，并掌握游客个人的行踪信息，是为了对每位游客和整个景区的疫情防控做到心里有"数"。疫情能够逐步得到控制，景区能够井然有序地复工，这其中，实名制分时预约发挥了很重要的作用：一是景区根据各地区有序复工的政策以及自身实际运营情况，可以按需设定每日的开放时段，精准设定每个时段允许多少游客入园；二是通过提前实名预约，景区可以提早知道游客来源以及每个时段的游客人数等信息，做到游客有序入园、分散游览、不排队、不聚集，有效规避疫情风险。

2.2.2 景区"削峰填谷"的要求

各大景区在节假日会迎来游客高峰，尤其是热门景区更是游客云集，购票、检票、游览参观、交通、自驾等，游客的游玩时间大多消磨在排队等待上，不仅体验差而且容易产生安全隐患和负面评价。

景区实名预约系统建设可以有效监测各经营单位资源，引导游客合理安排旅游行程，减少游客排队等候时间，提升游客旅游体验，确保景区运营安全，有效提升景区综合经济效益。该系统是线上线下融合的综合性复杂工程，需要基于游客前期有效传播、电商平台配套建设、分销渠道政策引导、综合票务全面联动、现场管理有效执行等环节方能顺利执行。

2.2.3 行业管理和大数据战略的要求

景区实名制项目是探索建立国家公园体制的现实需要和重要载体，也是实施景区内供给侧改革、打造智慧景区的必然要求和重要手段。该项目旨在对内重点解决旅游接待高峰期拥堵、售检票不畅、游客多次排队等问题；对外重点解决预警预约信息有效发布问题，以达到科学供给、有效分流、优化管理、提升品质的目的。

建立全网平台散客统一管控体系，通过散客预约平台，接入各大互联网平台，分销各景区门票，并实现对整个过程的监管检测，管控各销售渠道的票价，避免出现高价黄牛票和低价票破坏整个市场，保障景区门票在销售过程中的结账安全，也保障游客付款到网络平台，再到景区的财务安全；同时，可以积累线上旅游大数据，通过统一管控平台实现统一接入、统一分销、统一电子票标准、统一验证、统一入口。此外，分时预约配套实名制是必要的，一方面游客可以根据自己的时间安排选择合适的时间段，另一方面实名制也可以避免黄牛倒票等现象。

2.2.4 目的地运营的要求

实施景区实名制项目关系景区整个运营系统、信息系统的升级和重构，要坚持"以运营为核心，全业态连接，全渠道覆盖"的原则进行总体设计，实现业务"从云到端"的全网格化管理，游客营销服务平台的矩阵化呈现，景区运营管理的多级管控，景区核心数据资产的合理化应用。

2.3 建设实名预约的目的

2.3.1 有助于满足旅游体验个性化需求

中国旅游发展多年，信息化建设进入亟需升级的阶段，越来越多的旅游新业态、新市场出现，而现有的旅游服务体系跟不上市场需求。以往主要依赖线下旅行社的单一渠道使得旅游市场的覆盖面受到限制；同时，这使得旅游景区的产品开发较单一，景区也没有较好的渠道了解游客需求，严重制约着旅游的跨越式发展。

通过智慧实名预约，游客可以通过智慧旅游系统的终端驳接工具，完成网上旅游咨询服务，如查询观光信息、网上预约和淘宝服务，还可以订制私人旅游线路，合理安排行程，最大化地利用旅游时间。景区通过智慧旅游建设，也能提供更加多元化、个性化的服务。游客可以根据需要选择性消费，如选择导游讲解语种、讲解风格、讲解深度等，还可以借助虚拟辅助系统全面直观深入地进行旅游体验。游客与智慧景区系统不断地进行信息互动，进而使景区服务形式和消费内容不断创新，给予游客不同的体验和感受，增加游客进行多次消费的可能性。

2.3.2 有助于建设具有针对性的旅游营销体系

目前国内旅游发展迅速，旅游人次逐年增长，但是缺乏对旅游客源的认真研究，旅游的可持续发展，不光要吸引游客来，还要研究游客为什么来，不断改造提升旅游产品，从而保障旅游产品具有持续的吸引力和竞争力。

通过实名预约的建设，旅游主管部门和旅游运营企业均可以通过实名预约建立的大数据分析系统，进行旅游舆情监控和数据分析，并挖掘旅游热点和游客兴趣点，引导旅游企业策划对应的旅游产品，制定对应的营销主题，从而推动旅游行业的产品创新和营销创新。同时以大数据为支撑，通过量化分析和判断营销渠道，筛选效果明显、可以长期合作的营销渠道。还可以充分利用新媒体传播的特性，吸引游客主动参与旅游的传播和营销，并通过积累游客数据和旅游产品消费数据，逐步形成自媒体营销平台。

2.3.3 有助于提高旅游管理效率，加强政企合作

由于旅游业涉及面广，目前中国旅游业尚缺乏一定的行业规范，旅游产业的六大要素建设中，行业各自为政的现象较为突出，无法与整体的旅游市场需求进行有效对接。同时，在旅游发展和项目建设中，旅游部门与相关部门和企业缺少一个协调沟通的平台，不能及时快速地协作处理紧急事务。

通过实名预约的建设，可以极大地改善各行业各自为政、各部门无法及时协调的情况。实名预约平台可以将所有旅游相关行业、部门和企业整合在一个信息平台上，在旅游发展的任何时刻都能够准确地反映问题所在，从而改善经营流程，提高应急管理能力，保障旅游安全，有效处理旅游投诉和旅游质量问题，维护旅游市场秩序。同时，提升产品和服务的竞争力，加强游客、旅游资源、旅游企业和旅游主管部门之间的互动，高效整合旅游资源，从传统旅游管理方式向现代管理方式转变，推动旅游产业整体发展。

2.3.4 有助于提升旅游服务品质

日渐兴盛的散客市场已经使自助游和散客游成为一种主要的出游方式。但如何能够系统地满足越来越多元化的散客需求正成为旅游发展的难点。随着旅游自由化程度的提高，越来越多的游客不满足于"跟大流、被旅游"，未来散客的市场份额仍将不断扩大，更加便利快捷的智能化、个性化、信息化服务需求将不断扩大。

针对这一趋势，实名预约的优势能够得到充分体现。实名预约既能围绕游客，将旅游便捷化做到极致，又能够规范旅游服务商，按照要求提供标准化的产品，避免黑导游出现，让旅行变得更为简单。

同时，实名预约系统也可以为企业发展提供数据支持，旅游企业依据系统的大数据，改进自己的产品体系。大数据在旅游业中的应用将更多体现在服务上。引入大数据应用的智慧旅游服务，将充分收集、分析、整合各方旅游资源数据，从而使最优调配服务资源成为可能。可对旅游业相关主体依据搜集到的游客消费动向、旅游资源状况等数据进行量化分析，并及时调整、制定相应策略，为游客提供更好、更愉悦且经济的旅游体验；同时实现旅游企业和景区管理的系统化和规范化提升，并引导游客养成新的旅游习惯，创造新的旅游文化。

3 实名分时预约的五类模式

景区实名分时预约工作在国内早已启动。2014年，莫高窟为了缓解文物保护和旅游开发的矛盾，提出实名分时预约，严格按照最大承载量限流，采取前端数字展示，后端分时段参观洞窟的模式。后全国各大景区为了削峰填谷，引导游客合理安排旅游行程，减少游客排队等候时间，提升游客订购、取验票体验，确保景区运营安全，纷纷尝试核心景区实名分时预约。

旅游景区要全面落实"限量开放、预约开放、错峰开放"的要求，建设或升级改造预约、票务、闸机等系统，实现游客间隔入园、错峰旅游，完善全渠道实名制分时预约机制。

3.1 旅游目的地型实名预约

旅游目的地主导的模式是主动模式，是旅游目的地政府、企业和景区主动感知旅游市场和游客出游方式，通过顶层设计和规划，搭建符合旅游目的地的实名预约平台，通过目的地实名预约平台进行旅游产品的重构和供给侧改革。

苏州园林线上线下一体化系统由深大智能承建，拙政园、狮子林、苏州博物馆不再提供现场预约和购票，游客通过"苏州园林旅游网"（图1）或拙政园、狮子林景区官网，以及"苏园旅游"微信公众号购票。预约设定最高限流，拙政园每日最大承载量为45 000人次，狮子林为27 000人次，当每日预约数量达到最大承载量时，售票随即停止。此外，持有苏州市民卡、园林年卡、高龄卡的市民无需预约购票，可照常入园。

线上模式：游客需线上预约，并进行实名制登记，到景区后可直接刷二代身份证、二维码或人脸识别入园。对需要修改内容的订单，已经实名预约的游客仍可直接刷二代身份证通过验证，需要修改的部分可通过人工窗口或自助售取票机取纸质票，再通过检票闸机入园。

线下模式：游客直接由电子门禁系统刷二代身份证、二维码出票，对于无二代身份证、有优惠证件的

图1 苏州园林旅游网拙政园网上预约购票操作界面

游客,需采集相关有效证件信息后方可进行购票操作。

3.2 文博类实名分时预约

文物是社会进步的历史见证,对历史研究具有重要价值,是人类社会发展各个阶段智慧的结晶,对人类社会的发展具有重要的科学价值。文物本身具有不可再生性,一旦保护不力、开发不当,损失将是毁灭性的。因此,保护好文物是前提,满足这一条件才能实现景区文物向公众开放。这样一来,通过分时预约制调控景区游客流量、缓解参观压力便自然成为最有效的解决思路。

敦煌莫高窟实名制分时预约平台建设是深大智能承建较早、最具代表性的文物保护型景区项目,敦煌莫高窟线上电商平台(图2)和线下电子门禁系统均由深大智能承建。由于良好的运营情况和因地制宜的功能设计,莫高窟的实名制分时预约系统成为国家文物局在分时预约标准制定中参考的蓝本之一,为推动我国文物保护类景区制定实名制分时预约标准提供了有效的经验。目前,敦煌莫高窟的票为"剧院票+车票+门票"的套票,采用全预约模式,每天限制接待游客6 000人次。

所有散客、团队必须在电商平台上预订门票,分立B2B、B2C平台,并给部分OTA留有相关的库存,敦煌莫高窟对每类渠道进行限库存售卖。游客可以通过窗口购票,可以在市区、数字展示中心通过自助机购票,也可以通过敦煌预约网预约门票,或者手机关注预约购票小程序,通过刷二维码、身份证和人脸识别等快速通关。从当前的运营情况看,综合使用效果较好,并引发部分渠道基于莫高窟的模式展开目的地二次营销。系统也随着运营模式的渐变进行了多次小升级,现有规则制订得较为严密,游客的接受程度较高。

3.3 大流量景区实名分时预约

近年来,核心景区游客量逐年攀升,景区容量与游客需求之间产生严重的信息不对称,购票及行程中的各种等待更是严重影响游客的旅游舒适度。目前,越来越多的景区推行实名制分时预约售票,取消现场售票,通过网络实名售票和分时段控制游客流量,优化了游客的游览体验。游客和旅行社可根据自己的行程安排合理选择入园时段并购票。随着实名制分时预约的各项举措不断推行,游客体验舒适度显著上升。分时预约实现了对游客流量的削峰填谷,有效控制了客流潮汐,保证了游客的游览质量。景点不再拥挤,游客入园也省时省力,只需简单操作手机,就能安心有序游览。同时,实名制购票、AI人脸识别系统检票可有效甄别身份信息,对反恐除恶起到了积极作用,极大保障了游客的人身安全。日均游客入园流量总体可控,避免了游

图2 敦煌莫高窟网上预约购票系统

客过于集中，保证特殊情况下及时疏散游客。

3.4 文旅集团型实名分时预约平台

很多文旅集团以整合或者投资建设优质资源为基础，围绕文化旅游产业，主要从事酒店管理、景区开发运营、智慧旅游、文化创意、旅游地产、投融资等业务板块的投资运营，强化文化赋能，做实做活传统旅游"吃、住、行、游、购、娱"六要素，全力拓展轻资产业务，推进产业投资和兼并重组，致力于成为文旅全产业链创新引领者和服务提供商。全国很多重点景区都掌握在文旅集团手中，旅游预约出行和流量控制离不开对文旅集团业务和服务场景的关注，比如全国各省省级旅投公司，实际上承担了该省文旅产业转型升级的重任，当然旅游集团本身也通过互联网和实名分时预约来整合该集团下所有资源，通过实名分时预约大数据进行精准营销和流量变现。

例如深大智能承建了绍兴旅游集团线上电商平台和线下电子门禁系统。其中，鲁迅故里景区为免费开放景区，采取的是游客在线下游客服务中心的窗口直接刷二代身份证领票的模式。其实名制入园主要是通过免费流量入口对游客进行二次营销，增加与游客的黏性，并采集相关的数据。

3.5 疫情防控型实名分时预约平台

对于大部分景区来说，游客参观量远远达不到景区最大承载量，疫情来临前，虽然无论是从市场还是从国家政策方面都肯定了景区、博物馆、文旅场馆实名制预约的重要性，但很多旅游景区对建设实名预约制的必要性认识仍很不足，且缺乏动力做实名预约制的升级改造，因此，大规模推动实名预约难度很大。2020年疫情指向的目的地很明确，所以一些古镇、AAAAA级景区、博物馆等在疫情发生的第一时间就联系深大智能，大年初一就开始升级相关的景区系统为实名购票制，疫情并非景区实名制落地的决定性因素，但是将实名制购票的推行提前至少一年时间，因为有了实名制系统，就能监控到来自疫区的游客，提前做好防护工作。

疫情发生后，深大智能实名制分时预约产品迎来爆发期，截止到2020年4月底已按照疫情管控和景区开园相关要求对2 500余家景区进行了实名制预约升级。深大智能了解景区所需，为景区提供匹配的分时预约产品。站在长远的角度，实名分时预约制的广泛普及，也是文旅产业供给侧改革的必经之路，是文旅高质量发展的必然要求。

4 景区实名分时预约实践

4.1 景区实名制分时预约建设标准

4.1.1 建设预约预订票务系统

（1）实现"预约+售票"一体化管理

景区要建设或升级改造原有的票务系统，实现预约、售票一体化管理，即通过让游客预订购买不同时间段的门票实现分时预约。

（2）实现中央票仓精准管控

建立中央票仓，实现与各OTA、自有售票平台等销售渠道的数据对接，支持全渠道分时段库存的灵活分配和调整，可以给不同销售渠道分别分配精准的时段库存。通过中央票仓对库存和预约数量进行统一控制，实时掌握所有渠道的预约售票数据，避免出现超量预约。

（3）实现全渠道预约

景区要建设官方预约平台，并实现与各大OTA、传统旅行社、窗口、自助机等全渠道无缝对接，便于游客根据习惯自由选择预约渠道进行预约。其中景区自有官方预约平台要支持PC端、手机H5、APP、微信小程序等多种版本，以适应不同的应用场景。

（4）系统性能要求

系统要支持大流量（高并发）承载能力，支持在线人数10 000人以上，并发数5 000以上，平均响应时间要在1.5秒以内，确保预约高峰时间段稳定运行。

（5）数据安全性要求

系统必须保护实名预约游客的个人信息，加密存储身份证、手机号等个人隐私数据，加强数据库安全审计和访问控制，有必要的备份措施，实现系统和数据的快速恢复，确保数据安全。

4.1.2 开展实名制分时段精准管控

景区要实现实名制分时段预约，做到精准管控限流。游客要通过身份证号进行实名预约，一个身份证号只能预约一张门票。合理规划预约时间段，根据景区淡旺季以及周末、节假日、平日的人流量，分时段精准控制，人流量大的景区时间段管控要细化到小时粒度，避免出现管控粒度过粗、游客扎堆在高峰时间段造成人群聚集的情况。

4.1.3 建设景区出入口闸机系统

景区要建设或升级改造出入口闸机系统，并打通与票务系统升级对接的渠道。实现实名制分时段预约的游客，可以直接在闸机通过刷二代身份证或扫描二维码验票入园。闸机严格按照预约的时间段进行验票核销。所有游客入园和出园均须通过闸机，以便实时掌握入园人数、出园人数以及实时在园人数。

4.2 景区实名分时预约流程

4.2.1 游客产品订购应用

游客订购产品需要采用二代身份证、有效证件（军人证、护照等）+电子/纸质二维码票，并使用人脸识别设备进行辅助验证识别。产品的所有的库存设置均应来自于线下，即由线下分配总体库存。在线下设置总库存后，可分为散客电商平台库存、现场散客库存、各类旅游年卡库存、内部接待库存、工作人员库存等几大类。其中数量最多的是电商平台和现场散客库存。从分配给线下分配的库存中分配相应的库存作为电商平台的总库存，电商平台总库存将会按照OTA、电商团队、电商散客的实际流量进行动态调配。从分配给线下的总库存中分配相应的库存作为现场散客的库存，现场总库存将会动态分配至人工、自助窗口。

4.2.2 实名预约购票场景

实名预约购票分为三种方式：现场扫码购票、网络预订、窗口购票。

扫码购票：游客通过扫描易拉宝、海报以及工作人员随身携带的二维码等进入实名预约平台购票页面，购买门票，并完成支付，平台会以短信的形式发送电子二维码门票信息给游客（图3）。

网络预订：关注相关实名预约网或者进入OTA平台实名预约购票，进行电子票预订，预订时输入身份证号码、选择出游线路票型，购买后刷二代身份证入园，原有的网络取票窗口仍可换取纸质票。

电子票服务窗口购票：游客中心新增设电子票服务窗口，窗口设置实名电子票购票引导标识，测试期间该窗口只提供电子票咨询，引导游客购买实名电子票或纸质票。

4.2.3 实名制检票方式

实名预约模式有利于景区管理园内游客，有助于减少节假日超承载带来的运营和安全隐患，实现实名分时段预约对后疫情时代景区参观游览意义重大。实名分时预约系统支持以短信二维码、辅助码、二代身份证等多种方式直接入园。在景区停车场、游客服务中心等多个游客聚集区布设二维码物料，游客扫码或关注预约公众号可以提前完成实名购票，然后将收到的辅助码、

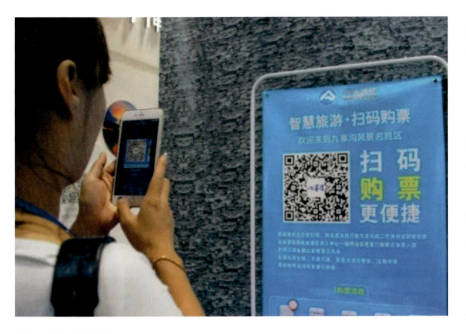

图3 游客扫码购票场景

二维码或者绑定的手机作为入园凭证，通过闸机入园参观。这也大大节省了景区人力，同时实现了无接触售检票。

景区管理者和行业管理者通过统一的预约平台，就能掌握所有免费参观游客的大数据，从而对游客的男女比例、客源地、参观时段、年龄结构等数据进行画像分析。

4.3 景区实名分时预约标准

受2020年疫情影响，各地景区迫切需要有序恢复经营，市场上也出现了很多"伪实名制分时预约系统"，这些系统仅仅只是购票选时段，其他都不受控，是短时间内赶工出来的，并没有经过反复推敲和真实业务场景的实战验证，势必存在很大隐患。

分时预约不同于排队叫号，也不仅仅是游客选择自己合适的时段预约入园，而是对景区流量的精准管控，主要包括以下几个方面：

预约时段库存控制：各个时段放多少库存，才能精准控制客流量。

渠道的覆盖面：如何在各大OTA渠道都能实现分时段预约。

渠道的库存分配：不同售票渠道如何分配库存（专享或者共享库存）。

系统的应急处理机制：按预约时间点，有游客早到或者迟到，系统是否有相应的处理机制。

预约公告提醒：快到预约时间点是否有提醒等。

另外，一旦实现了分时预约，就会有好的时段和差的时段，多数游客会选择黄金时段比如"五一""十一"等黄金假期，游览景区，甚至会有黄牛动用刷票软件，这样一来，对系统的稳定性就是一大考验，所以系统的稳定性很关键。

5 总结

实名分时预约可通过各种线上线下渠道发布信息，将景区的实际运营接待信息提前推送给游客。利用网络优势加强对外宣传，包括但不限于微信、社群、广播等各种传统/新媒体信息发布渠道，将游客的票务预订场景尽量前置，并引导至官方电商平台。结合全员营销、地推等近端方式，减少现场渠道的压力。

分时段库存的设计通过预约平台、OTA、小程序、支付宝、微信等引导游客提前预约门票或者现场扫码购票，改变单一现场购票验证规则，从而降低景区的综合运营成本。以票作为流量入口，通过景区实名制预约的环节，营造"一码游""一脸游"的场景，构建旅游的大数据体系，引导游客至电商平台购买景区产品。此外，通过电商体系推送周边旅游产品，由核心景区带动提升一些小景点的综合盈利水平。

通过应用二代身份证、OCR（Optical Character Recognition，光学字符识别）、电子二维码技术，减少纸质票的使用，进而降低综合运营成本。通过应用人脸识别技术，强化人与产品的一对一验证，杜绝黄牛倒票，减少游客投诉，减少人为干预，提升管理水平。通过库存分配对各渠道进行精准调控，提升景区的话语权，落实"收益管理"的目标。通过实名预约，强化旅游数据采集的能力，通过后期的加工与分析，指导未来旅游营销政策、市场策略制订。

中国旅游规划四十年
40 Years of Tourism Planning in China

【编者按】

在近40多年中国旅游业的巨大发展中，中国的旅游规划起了十分重要的支撑作用。我们的规划师们，有关的专家和学者们，政府的有关部门，就是推动这些规划取得成功的主力。因此，回顾这40多年来中国旅游规划的发展历史，尤其是发掘它的口述史，将不仅有利于使这段历史更加清晰、更加完整、更加细化和生动，而且对于我们了解其中的理论探索和实操运行，了解各家各派的规划思路和方法，了解其成功的先例和经验，都是很有好处的。因此从本辑起，《旅游规划与设计》将开辟"中国旅游规划四十年"专栏，拟约请这40年历史的亲历者用口述历史的方式，来追述这段历史，将其所见所为与大家分享。在他们的回忆中，或者将会提到一些重要的文件，一些重要的会议，一些争论的始终，一些突出的著述，一些企业的贡献，一些成功的实操，一些成功的经验……所有这些，都值得我们去进一步思考，或者还有可能从中得到启示和教益。本辑仅仅是开始，热烈欢迎诸君投稿和提出建议。

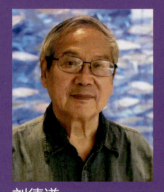

刘德谦
北京联合大学旅游学院退休教授
中国社会科学院旅游研究中心学术顾问

退休前，除承担教学与科研任务外，还曾任《旅游学刊》常务副主编、《中国旅游》总编辑等，并曾参与或主持了一些省市地县和景区的旅游规划编制工作，以及对诸多有关研究成果、旅游标准、旅游规划的鉴定、审查、评审，亦曾以《旅游学刊》的名义与多家机构及民间社团共同发起召开了一些旅游规划等旅游领域的学术会议。晚年，曾荣获《旅游学刊》"终身成就奖"、香港理工大学"终身成就奖"、中国区域协会区域旅游开发专业委员会"杰出贡献奖"、中国社会科学院旅游研究中心成立20周年"杰出贡献奖"、中国未来研究会成立40周年"突出贡献奖"等。现其社会职务尚有北京旅游学会顾问、中国老年学学会老年旅游分会顾问、中国未来研究会旅游未来研究分会顾问、中国区域科学协会区域旅游开发专业委员会名誉会长、《旅游规划与设计》名誉主编等。

刘德谦：我所经历的中国旅游规划四十年（口述历史）

Liu Deqian: Personal Experience of Tourism Planning in China in the Last Forty Years (Oral History)

文 /《旅游规划与设计》编辑部

【摘　要】

旅游规划是人类进入理性时代后的谋划之一，其目的是以一种前瞻性的思路和方法尽可能地为未来的相关发展找出一些合理的选择和安排，以期能够更有适应性地服务于未来不同时期的旅游活动。中国的旅游规划的发展，经历了一个从无到有的过程。为了追溯我国旅游规划这40年的发展历史，《旅游规划与设计》计划在近几辑中对亲历者做一些专访，以期用他们既有清晰脉络又有生动事例的亲见亲闻来反映我们的"中国旅游规划四十年"。本文为计划中的首篇。我们访问了北京联合大学旅游学院退休教授刘德谦。受访者回顾了40年中其所亲历的学习探索，以及规划编制、规划评审、理论研究、会议研讨、汇编名家文集等诸多过程，其中涉及40年中国旅游规划发展中的一些重要事件，一些相关的人物、会议、学术社团，还涉及一些文件、著述、文集和刊物，尽管受访者自己仍然感到有挂一漏万的遗憾，但这已经是非常难得的了。这些重要的回忆不仅非常宝贵，有利于研究者继续研究，而且还可以作为别的亲历者继续回忆的线索。

【关键词】

旅游规划；四十年；规划编制与代表性人物；重要文件与专著；学术会议与社团

【采访者】

林丽琴　《旅游规划与设计》编辑部主任
姜丽黎　《旅游规划与设计》编辑部副主任

注：本文图片除标注外均由受访者刘德谦提供。

中国旅游规划 40 年发展，经过三代人的共同努力，取得了很多成绩。自然，也留下了一些遗憾。作为一名"误闯"旅游规划界的老人，我现在已经基本不写什么了，不过也愿意大致梳理一下自己的一点经历和见闻，谈点自己的粗浅认识，希望能够对疫情后我国旅游规划的健康发展略有一点补益。

一

我国的旅游规划，大体起步于20世纪80年代初。在那时候，对规划工作比较内行同志就已经认识到了，要真正编制出一份像样的旅游规划，就得有多学科的同志一起合作；即使是这样，规划的主持者，也还得有丰富的知识和相当的阅历才行。

当时，每个行业几乎都在摸着石头过河，旅游规划的编制不多，也很难说谁做的旅游规划是范例。不过，其中也确实出现了不多的较为成熟的规划，故而也产生了十分积极的影响。到了80年代中后期，我国旅游规划才真正开始遇到学科门槛。当时的情况是，一直流行的旅游业"投入少，见效快"的理论也已经不灵了，所以业界的朋友纷纷觉醒到，应该安排好发展的规划，旅游才会有更好的前景。

这时候，或者这之前，旅游规划的一些基本规范还没有形成，有的规划甚至没有把握住规划应有的基本环节，以致产生了不少问题。稍稍入门的，对旅游规划和城市规划的关系，以及与园林规划的关系等，似乎也比较纠结。好在人们的认识是在逐渐提升的。

在科学、法制、规范的前进道路上，那时我国的城市规划工作已经走在了前头。早在1984年，我国国务院便正式颁布了《城市规划条例》，这是中华人民共和国成立后，我国面向城市的规划、建设、管理的第一个基本法规；继全国人大1989年完成了《中华人民共和国城市规划法》（图1）的正式立法，1993年国务院又颁布了《村庄和集镇规划建设管理条例》，这"一法一条例"在相当长的时间内，都是我国城乡规划的可靠的法律保障，再加上2005年建设部制定的《城市规划编制办法》，使得城乡规划的科学、法制基础更加细化；随后经过20年，也积累和总结了丰富的实践经验。这些都为2007年全国人大通过的《中华人民共和国城乡规划法》（图2）奠定了十分坚实的基础。

从80年代发展的主流看，城市规划对有关总体规划、分区规划、控制性详细规划，对相关文本、实施细则、图则等的分级分类安排，以及一系列指标体系的确立等，在这一阶段确实已经逐渐成为我国编制旅游规划时极具价值的依据。在随后一段时期内，正是因为有了这样的依据，以及一些成功的借鉴，旅游规划的较多编制在我国才有了可能。可以说，在我国，基于城市规划发展起来的区域规划，同样也为旅游规划的编制提供了不少成功的范例。

其实，追溯我国旅游规划发展史，不难发现，旅游规划不仅在总体上脱胎于城市规划和区域规

图1 1989年12月，我国颁布了《中华人民共和国城市规划法》

图2 在1989年《中华人民共和国城市规划法》的基础上，2007年我国又重新颁布了《中华人民共和国城乡规划法》

划，而且至今仍然保留着城市规划和区域规划的许多很有价值的精髓。同时，熟悉城市规划和区域规划的规划师和正在成长的旅游规划工作者，都以城市规划和区域规划的宝贵经验不断地丰富着旅游规划的技巧。

这时的旅游规划先驱们，同时也关心着国际先进的规划理念，诸如《雅典宪章》和《马丘比丘宪章》等。如果他自己的规划还涉及历史街区、古园林和古旧村镇，那么我国的《文物保护法》和《威尼斯宪章》《华盛顿宪章》《佛罗伦萨宪章》《奈

良真实性文件》等国际组织和联合国的一些有关文件也都是他们的思考所及。

然而，人们也发现了，适应旅游新发展的旅游规划，与传统的城市规划和区域规划、传统的风景名胜区规划，仍然有着诸多的不同。

如用著名的《马丘比丘宪章》的理念来思考，规划中的每一个区域，都应当有适合自己特点的安排，因此在编制旅游规划时，就不能不正视旅游行为的社会特征、旅游产业的经济特征、旅游者行为的心理特征，以及旅游产品的非移动性、非储藏性等专属特征。正是基于对于这些特征的考虑，如果我们的旅游规划没有自己的特征，而只满足于照搬照抄传统的风景名胜区规划模式，或城市规划模式，或硬性搬用城市规划等的指标体系，这样的途径是否继续可行，就有再加斟酌的必要了。只是这些问题在旅游规划草创期还没有为更多人醒悟到。

二

20世纪80年代初，我开始在北京二外分院任教。在那前后，中科院的郭来喜、杨逸畴、杨冠雄，北大的陈传康、谢凝高，北林院的孟兆祯等全国旅游相关学科名家都来二外分院代课。记得一次，我院史地教研室负责接待这些外请专家的刘振礼老师（我在南开中文系的同学）拿了一本中科院地理所专家编制的河北昌黎的旅游开发规划文本来与我讨论旅游规划的事。他还记得上次北京政协搬出北海公园静心斋时，学院派我俩去参加社科院财贸所刘明夫所长在那里召集的一

图3 有关旅游规划的早期著作——中科院地理所旅游地理组的《旅游地理文集》及其目录

个小型座谈会（研讨的是文化遗产地如何为旅游服务）。我说到，我已经读了他编辑的那本《旅游资源的开发与观赏》（1981年）；同时还买有一本中科院地理所旅游地理组的《旅游地理文集》（1982年）（图3），里面就论及旅游规划，正在读，觉得也很精粹。

不久，学院让刘振礼承接了一个京郊十渡的旅游规划，他一定要我陪他一起去考察编写，这就是我参加编制的第一个旅游规划。另外较晚一些的，是在1987年慕田峪长城将试开放前，参加了慕田峪旅游规划前期的实地考察（因甲乙双方的主张差异而未继续进行）。我参加评审的第一个规划，是清华大学规划系郑光中先生的"黄河青铜峡旅游发展规划"。说实话，那时我是抱着一种既有新乐趣又诚恳的学习态度去参与的。

以我上学时的所学专业，那时在学院讲授文学、文化的课程，还是较为胜任的；但后来要我承担旅游科研工作和主持学报的工作，知识和能力就远远不够了。可喜的是，

80年代初陈传康等所在的兄弟院校的名师来学院讲课，在与他们的交往切磋中，我学到了从多学科进入旅游学科以期共同培育旅游学科的思路；1988年受筹备中的中国旅游地学研究会委托编辑出版《旅游学刊·旅游地学增刊》时，我又从陈安泽等地学学者们的研究结晶中进一步领会到了地球资源的分布分类和如何运用其为旅游者服务的科学原理；同年，受邀给"中国农民旅游业协会"的"首届全国农民旅游业管理干部培训班"讲课，又逼着我从头到尾再思考了一遍乡村文化遗存如何为发展乡村旅游服务的问题……说这么多，我也就是想与现在的年轻学者交流一点个人心得，要想获得更好的成长就要不断学习，给自己不断充电，勇于打破自己的知识结构。

从国家层面来看，应该说，国家的"七五"和"八五"计划对我国全国旅游规划的推动是有着划时代意义的。由于中央的重视，1985年，"旅游"被写进了《国民经济和社会发展第七个五年计划》的第三十七章，为此，1986年国家旅游主管部门特地委托国务院发展研究中心申报成功了国家哲学社会科学重点课题"中国旅游经济发展战略"并获批，在课题组长孙尚清的主持下，经过国务院发展研究中心、国家计委、国家旅游局、中国社科院、北京旅游学院、北京二外、上海社科院等京、沪、粤、陕、黔等地研究人员和旅游主管官员协同努力，在总结改革开放十年来我国旅游发展经验的基础上，终于为全国"八五"（1991—1995年）旅游计划的战略

目标和发展策略的选择打下了厚实的基础。紧接着,一个关于1996—2000年我国旅游发展的更加详细的《中国旅游业发展"九五"计划和2010年远景目标纲要》也在1996年正式向全国公布了。

有了战略目标和发展策略,同时相关政策也陆续出台,全国各地对于如何让战略策略和政策措施"落地"的旅游规划的需要,也就更加凸显了出来。

在我的印象中,我国旅游规划从80年代的萌生到90年代的积极探索与蓬勃发展,的确经历了一个急速发展阶段。从80年代末到90年代,一方面,旅游规划进入了诠释想象力和验证行动力的探索期,同时大家也自觉地在逐步摸索旅游规划的"创新"与"规范",其中,尤其是国家旅游局资源司与中科院地理所1992年出版的、由尹泽生等负责编写的《中国旅游资源普查规范(试行本)》(图4),更在其中发挥了关键性作用。另一方面,一些旅游规划的弊端和不足这时也浮现了出来(比如,由于存在较多需求,一些急欲赚钱的"能人"也趁机活跃起来),这态势让旅游业界和管理层十分着急,也让学界的同志们十分揪心……

我清楚地记得,北京大学地理系陈传康老师就不止一次与我讨论这件事。1989年下半年,陈老师又对我提起了推动我国旅游规划发展的事。他对我说,《旅游学刊》在全国学界业界和管理层是很有影响力的,能不能开一个旅游规划的研讨会,把不同学科的专家联络在一起,以期达到互相交流、互相讨论提高的目的。由于我担任《旅游学刊》常务副主编后,应邀参加了不少地方的旅游会议,所见所闻,也让我感到陈传康老师说得有道理。

这个会准备了很长时间,直到1993年4月,由北京旅游学会与《旅游学刊》联合发起的"旅游规划理论与实践学术研讨会"才终于在北京旅游学院召开了。在会上,当时关注旅游规划的著名专家陈传康、毛赞猷(北京大学)、尹泽生、杨逸畴、宋力夫(中国科学院)、陈安泽(中国旅游地学研究会)、卢云亭(北京师范大学),以及乔玉霞(中国社科院)、张广瑞(中国社科院)、李明德(北京旅游学会)、毕凤翔(北京二外)等学界人士,还有北京旅游学院的刘振礼和我,都做了不同形式的发言(图5),虽然在学理上也有一些分歧,但也达成了不少共识。

会议的重要成果,一是与会者都认为,在国家层面的旅游总体计划下,还应该有不同层级的规划作支撑,这就需要学界和业界的同志们为之做出努力,而且必须诉诸科学的理念与方法;二是与会专家们一致同意成立一个"旅游规划与开发联合研究中心"来加强沟通、交流和研究,经陈传康牵头与大家商量,一致推举陈传康、郑光中、郭来喜、乔玉霞、李亮(国家旅游局)、刘振礼和我作为中心副理事长,推荐北京旅游学院常务副院长赵克非为理事长。消息一经传出,北京、上海、天津、深圳、浙江、河北、陕西、四川等地的同行们,也纷纷来函来电提出加盟和加入。

大约两个月后,在京的另一所兄弟院校的旅游科研所也宣布成立了中心,不过它的方向主要不在研究,而在于旅游规划编制的实践,所以它大胆地向院方做出了工资自筹、自负盈亏的承诺。不久后,全国的其他院校也开始诞生了一些或此或彼的"旅游规划中心";几乎同时,一些原来并不太张扬的挂靠公司和民营规划公司也开始浮出水面。

1993—1994年,的确是中国旅游规划发展的重要探索年。就在1993年接下来的第二年(1994年),有几个会议也具有较为突出的时代意义。由于担心出现规划失控的现象,由陈传康先生和孙文昌先生负责筹办的"第四届全国区域旅游开发学术研讨会"1994年4月在汕头召开了,这次会议是由中国旅游协会区域旅游开发专业委员会、中国地理学会

图4 国家旅游局资源司与中科院地理所1992年出版的《中国旅游资源普查规范(试行本)》

图5 由北京旅学会与《旅游学刊》联合组织召开的"旅游规划理论与实践学术研讨会"1993年在京召开,这是《旅游学刊》对会上发言的报道

旅游地理专业委员会、青岛大学旅游系、北京大学城市与环境学系和北京旅游规划与开发联合研究中心等多家单位联合发起的，27省市和港、台等地近两百人参加了会议。会议聚焦研讨了旅游规划的理论和实践，以期能够更好地提高我国旅游规划的水平，同时防止某些趁机捞钱的乱象发生。

4月的会议之后，中国旅游协会区域旅游开发专业委员会还专门为这次会议编辑出版了名为《区域旅游开发的理论与实践》的论文集（徐德宽、马波主编）（图6），该论文集收入了与会者陈传康、孙文昌、范家驹、徐君亮、张林源、徐恒彬、宋石坤、黄进、苏文才、韩也良、刘敦荣、陈家振、江国柱、徐德宽、庞规荃、刘振礼、刘德谦、付文伟、邹树梅、周进步、陈广有、陈敬堂、陶家元、陆景武、宋安业、黄羊山、李雷雷、江月启、周定一、殷红梅、王兴中、全华、王家骏、郭康、金学良、邱韬英、梁留科、万德梅、刘峰、刘春杰、王民、宫振文、王永慧、陈建勋、林惠滨、李家声、翟辅东、顾涧清、甘枝茂、武裕仁、马波、明庆中、杨颖榆、谢惠鹏、林诗渠、卢武强、赵坤民、李坚诚等的论文54篇（依"会议纪要"和论文目录第一作者），另有存目论文49篇。尽管其中地理学界的论文多了些，但也应该是我国旅游规划理论与实践研究最早的成果汇集，作者们作为我国旅游规划的早期研究者，虽然有的后来已经不再活跃，但是我们也不要忘记他们。

这年9月，在北戴河召开的《旅游学刊》"旅游科学理论与实践第

图6　1994年在汕头召开的"第四届全国区域旅游开发学术研讨会"学术论文集及其目录

图7　《旅游学刊》1994年对其"旅游科学理论与实践第四届全国学术研讨会"，对中国旅游未来研究会与海南省旅游局等联合组织召开的"旅游发展规划研讨会"的报道

四届全国学术研讨会"（图7）也把旅游规划探索作为了会议的主题，一起交流的20余省市50余参会者以院校和研究机构著名学者和地方旅游主管部门的规划管理官员居多，故而更偏注于旅游发展与管理的视角，但也同样是以推动旅游规划和产业健康发展为目的。

为了正面推动旅游规划的科学化，也是出于对社会旅游规划乱象的担心，同年11月，中国旅游未来研究会与海南省旅游局、河南省旅游局等5个单位又发起并召开了"旅游发展规划研讨会"。由于海南省级旅游规划在1993年刚刚通过评审验收，为了借鉴与学习，这

个会议虽然规模不太大（也是50多人），但参会者中的兄弟省市旅游主管官员和旅游规划实操工作者却多了好些。

对以上三个会议，《旅游学刊》和《中国旅游报》等报刊都有跟进报道。关注社会动向的规划界人士，大多对以上会议非常注意，所以产生了不少积极影响。也由于地方政府那时大都对旅游规划十分关注，所以会议的召开也得到了地方政府和地方旅游局的积极支持。

这时期值得补充一提的还有1992年《海南省旅游发展规划大纲》的编制（由孙大明和范家驹主持）（图8）。作为全国第一个省级旅游规划，它的出台在全国旅游规划发展中应该说是一个里程碑。它于1992年通过了省政府组织的专家评议和鉴定，于1993年经省政府常务会议审定通过并正式颁布且在全省施行。

记得在1992年底的评审会议上，北京来的专家和本省的专家都对大纲提出的"将海南建成热带海岛度假旅游胜地"表示了赞同，对于编制组"六大旅游中心系统"的划分和安排也都感到比较满意，不

图8　汇集了《海南省旅游发展规划大纲》和海南省政府文件的《海南省旅游规划与旅游开发》文集的封面与专家的评议意见

过也对编制组将海南旅游的主体市场首先定位在国内提出了不同意见。北京去的四位专家中有三位名家都主张海南旅游的主体市场应该是国际市场，应该着重打造东方的夏威夷；我却明确表示支持课题组的选择。因为我一直认为，中国海南岛对于中国大陆的旅游位置，就好像地中海地区对于欧洲，加勒比海地区对于北美，其气候、水体和生态资源及客源地人口数与需求，都有许多相似之处，并引据了墨西哥坎昆的实例；甚至十分固执地说，无论什么时候海南旅游的市场主体都是国内市场。以致最后的评议意见中只好使用了"客源市场问题""还需要更深入的论证"的措辞。

就我自己而言，1993年4月，我在"旅游规划理论与实践学术研讨会"的发言《旅游规划刍议》，是我关于旅游规划的第一篇论文，那是80年代末期陈传康老师建议召开旅游规划会议时提议并催促我作为会议的主题发言而写的。由于会议拖了几年，所以我有了充分的"准备期"，从而才有可能在1993年4月开会时得到老专家们的好评。而且1994年4月在汕头召开"第四届全国区域旅游开发学术研讨会"时，主持会议的陈传康老师和孙文昌老师，一定要我把这篇文章再讲一次，并在出版会议论文集时，把我的拙文选在了文集的第一篇。

我关于旅游规划的第二篇论文，题目叫《试论当前旅游开发中几个基本环节的错位——旅游规划续议》，是为1994年9月北戴河"旅游科学理论与实践第四届全国学术研讨会"写的发言稿，如果说我的《旅游规划刍议》是从正面探索旅游规划的原理和运行的话，那么在第二篇《续议》里，主要就是对当时旅游规划中出现的偏向的评议。基于当时旅游规划界有一个争论热点：是"市场导向"？还是"资源导向"？于是我又把我在北戴河研讨会发言稿的另一部分发言命题为《试论当前旅游开发中的资源观和市场观》送给了《中国旅游报》，既是参与那时对争论热点规划"导向"问题的商讨，同时也意在劝解争得面红耳赤的同行不要过于偏激。

为了总结90年代全国旅游规划的成果，也为了加强对全国旅游规划的指导，1997年，国家旅游局特意编辑了一本730页的《旅游规划工作纲要》，该纲要共分三篇，除了"理论规范篇"的不多内容外，其极大部分篇幅（约400页）都是收在"发展篇"里的全国和各省、自治区、直辖市旅游业"九五"计划和2010年远景目标摘编。该汇编引起了全国各地对旅游规划编制的普遍重视。在1999年北京大学吴必虎负责主持编制《北京市旅游发展总体规划》期间，记得北京市旅游局让我担任其顾问的同时还让我配合国家旅游局的工作编了一本776页的《北京市各区县旅游发展规划汇编》（图9）。如果说1992年《海南省旅游发展规划大纲》的编制是90年代全国省级规划编制的带动者，那么1999年《北京市旅游发展总体规划》的编制则是引动新世纪全国各省市自治区地方规划再提升的示例。而所有这些，都在一定角度反映出20世纪90年代全国旅游规划编制的规模，也从而推动了进入21世纪时全国各地对地方"十五旅游规划"的普遍编制。

虽然20世纪90年代旅游规划中存在不少缺点和问题，不过，总体而言，这一阶段我国的旅游规划工作确实是很有成效的。由于需求与供给都相当充分，包括地方旅游发展的战略规划、城市旅游发展的总体规划、旅游区的开拓规划、单一景点的建设规划等，不但数量极多，而且对全国和各地旅游供给的增强和品质的提升，确实发挥了十分积极的作用。这与地方政府、

图9 20世纪90年代前国家旅游局的《旅游规划工作纲要》和前北京市旅游局的《北京市各区县旅游发展规划汇编》

图10 推动旅游编制规范化的国家标准《旅游规划设计单位资质认定暂时办法》和《旅游规划通则》分别在2000年、2003年正式发布

旅游管理部门、旅游规划编制单位、旅游规划工作者的重视和努力密不可分。

三

旅游规划的成果确实让人高兴，同时前进中的问题也确实让人担心。在21世纪到来时，国家旅游主管部门便对旅游规划领域安排了一些制度设计。如2000年10月、11月《旅游规划管理办法》《旅游规划设计单位资质认定暂时办法》在的正式发布，以及2003年国家标准《旅游规划通则》的公布（图10），都是主管部门针对20世纪80—90年代旅游规划的乱象和旅游规划单位的无序进入采取的规范措施。

早在2000年，刚刚改组不久的中国社会科学院旅游研究中心决心进一步提升本单位旅游规划编制的质量，于是筹备召开一次本单位和在京旅游规划专家的座谈会，恰好国家旅游局《旅游规划通则》刚刚完成的初稿也准备征求专家意见，于是在2001年3月两个会议便合二为一地召开了。

与会专家除了就会上印发的《旅游规划通则（初稿）》发表意见外，也有就研究中心原拟主题做出的理论和实践的讨论。我自己在会上的发言，一是提出了在旅游发展规划编制之前是不是最好先有一个"概念性旅游规划"，以期更加体现出旅游规划的特质；二是关于规划资质的确认，我认为是否可以超越当时建设部的规划单位资质许可制，而改用世界通用的规划人的资质认证。我的理由是，禽鸟爱护自己羽毛的态度，远胜过一些人对自己所披"马甲"的感情。其实我这发言是就研究中心原拟议题准备的，与后来合并召开的主管部门的议题并没有关系，只是偶然撞在一起罢了，但却让人误认为我也是会上不同意见的发言者之一。

会后没几天，我为会议提供的发言提纲打印件中的一段，被《中国旅游报》的参会记者用《概念性规划讲求"四高""四宽"》为题拿去发表了。因为怕惹事，我没有对"概念性旅游规划"再发声。直到2003年4月《城市规划》杂志发表了时任建设部副部长的仇保兴写的《战略规划要注重城市研究》，文中提出了"概念性规划、战略性规划可以跳出"原有传统规划的"局限"时，我才敢把我那天发言的整理稿分成《旅游规划需要新理念——旅游规划三议》（上）（下）两部分，分别向《桂林旅游专科学校学报》和《旅游学刊》投稿。

为什么两篇拙文发表后反映比较好？原因是我自己做了较为深入的现实观察与思考。由于在20世纪90年代，许多地方政府都邀请我去参加当地旅游规划的评审，至少也有几十处吧（据说是因为我那篇《旅游规划刍议》于1993年和1994年会议传播和接下来又有书刊传播的影响），在有关的接触中，让我深感到那时诸多规划中突出的问题，最关键的不在规划文本的程式，而在于旅游要素的缺乏；在学术会议交流时，甚至有颇为著名的城市规划出身的规划师就会上当众吐露他们编制旅游规划的有关困惑，所以我才认认真真撰写了这篇论文。虽然在就国内外资料对"概念性旅游规划"进行长篇论述上，我或许走在了一些学人的前面一点，但是在这之前我去参加北大杨开忠编制的"洛阳市旅游发展总体规划"的评审时，就已经在该规划文本附件中见到了编制者对"概念性旅游规划"的成功运用。

尽管最初评审名家规划时也有令自己再学习的机遇，但进入21世纪不久，我也萌生了退出规划评审的意向。因为甲方让你去参加评审或主持评审，大多是希望你能去替他们把关；而部分乙方成员却更希望你去保他们过关。为了不失原则，我也得罪了不少乙方的参会人乃至不该得罪的朋友。再说，2000年前后也有不少规划项目找到我所在的旅游学院来，我要是一边自己在做，一边说别人做得不好，就显得很不合适了，所以干脆对评审旅游规划的邀请采取了一概推脱的办法。后来，更以年龄为借口，旅游规划的编制工作也都一概拒绝了，只偶尔接一两个纯属旅游研究的课题。

在我主持和参与的省市县的或具体景区的规划中，印象最深的是2002年结题的《安阳市旅游发展总体规划》。由于安阳市是一个历史蕴藏极为丰富的地域，是全国乃至全球都十分关注的中华文化古都，因此如何在保护的前提下利用好这一大批文化遗产，对作为规划主持人的我，确实是一个极大的挑战。所以在那两年我屡去安阳，翻阅了大量学术著作，也向安阳与河南的文物专家和旅游专家请教。最后规划终于在国家文物局前局长谢辰生任组长，河南省文物局长、河南省旅游局副局长任副组长的专家评审

图11 处于我国旅游规划高潮期的《中国旅游业发展"九五"计划和2010年远景目标纲要》与《中国旅游业发展"十五"计划和2015年、2020年远景目标纲要》

图12 《旅游规划的理论与实践》封面和封底选自《后记》的摘要

会上顺利通过,并且获得了"同类规划优秀水平"的好评。

2001年4月,国家旅游局正式公布了《中国旅游业发展"十五"计划和2015年、2020年远景目标纲要》(图11),为了迎接旅游规划新时期的到来,2001年6月,《旅游学刊》召开了一次"2001年中国旅游规划高峰研讨会"。应邀和报名参会的旅游规划实操工作者和研究者多达100余人,国家计委、国家旅游局和建设部的主管官员饶权、魏小安、李如生、钟海生和一些省市旅游局领导也应邀到会参与交流。据会议的记录,在为期三天的会上发言的参会者多达60余位,如陈安泽、陈仙波、邸明慧、董观志、范业正、郭焕成、郭康、郭来喜、胡静、黄安明、李树民、李悦铮、梁明珠、林越英、刘滨谊、刘德谦、刘锋、刘振礼、罗明义、吕健、彭华、邵春、宋志伟、王大悟、王衍用、吴承照、吴楚材、肖星、辛建荣、徐德宽、杨开忠、杨晓国、袁健、袁书祺、翟辅东、赵黎明、张广瑞、郑向敏、周建国等(以汉语拼音为序)。

这些与会者大都在当时有不少引人注目的旅游规划项目或著述问世。据称,这应该是我国自有旅游规划以来汇聚各地旅游规划精英最多的一次。在会议交流后,《旅游学刊》便陆续把会议发言摘要和部分论文推荐给了广大读者们。

说到这里,2004年中国社科院旅游研究中心编辑出版的《旅游规划的理论与实践》(图12)一书还应该一提。因为这本汇集全国著名专家力作的文集,就收纳了不少这次会议的论文。该书原本是社科院旅游研究中心准备收纳上述2001年3月会议发言的文集,因为论文太少而停了下来,社科院旅游研究中心让我想办法接替下这项工作。在与中心和《旅游学刊》双方沟通后,我为2001年6月《旅游学刊》旅游规划高峰研讨会的大量佳作找到了很好的载体。我的打算是把这本论文集编成能够覆盖全国规划研究最高成就的论文汇集,可是,仍然有相当多的有成就的专家因故没有出席以上的两个会议,于是我向保继刚、吴必虎、范家驹、喻学才等十多位名家发去了约稿信,希望他们能够把他们最满意的近作寄给我。由于大家的支持,这本集诸家旅游规划力作的文集终于编辑成功了,我个人也很欣慰,虽然这本书的署名主编不是我。

"现在读者手中的这本文集,实在是迄今为止我国旅游规划研究中汇集全国名家论文最为广泛、最为丰富的多家论文合集。不仅其中不少专家的累累硕果实在堪称我国旅游规划的理论与旅游规划研究的实践前沿,而且他们亲自主持编制、参与编制和参加评审鉴定的旅游规划的数量,至少也占全国重大旅游规划的一半以上,因此,他们的这些论文,无论是对理论的探索还是对实践的总结,都是十分难得的智慧结晶,所以,我们为能把这本论文合集奉献给广大读者而感到十分高兴。"这就是我在文集《后记》中写的一段话。

如果人们要想了解当时中国旅游规划的成绩和活动,这本书的确有着它的史料价值和现实指导意义。诸如对人们颇感兴趣的洋专家在世纪之初为我国编制的西藏、四川、山东、云南等地的旅游规划的得失,书中就收入了罗明义、王兴斌、吴必虎、张伟、喻学才的评议。

因为我不再评审旅游规划,也慢慢离开了旅游规划的具体编制,所以无论会上会下,对旅游规划中的问题都能够保持一种比较客观的态度了。尽管我的认识与官员们的认识偶有差异,但我仍然觉得,国家旅游主管部门"管理办法""资质认定办法"和"旅游规划通则"的出台,的确是旅游规划迈向科学化、法制化、规范化的重要进程。

在我国旅游规划的进步中，有几个全国性的民间社团也发挥了十分积极的作用。一个是中国旅游未来研究会（现名中国未来研究会旅游未来研究分会），还有两个是中国旅游协会原来下属的专业委员会，现在其上级的一级协学会已经改换了中国地质学会旅游地学与地质公园研究分会、中国区域科学协会区域旅游开发专业委员会。这三个学术组织每年的年会在注目于本学科的研究外，也对旅游规划的研究有着极大的关注，并且其每年会址的变换，都着意在科学推动该省或者该市县的旅游规划与发展，因此一直受到许多地方的好评。

回顾21世纪的第一个十年，主管部门在大力推动《旅游规划通则》实施时，也把旅游规划设计单位资质认定认真地落实了起来。经过考察，第一批九家甲级资质单位首先得到了认定，随后又认定了几批乙级和丙级资质单位。

基于全国省市县等各个行政级别几乎都要做旅游规划，每个规划单位都有自己一定的业务量，尤其是在国家相关重大举措出台的时候，在国家和省市每个五年计划开始公布的时候，旅游规划单位的业务量就会激增；但是到了五年计划的后期，业务量就少了，一些乱象，或所谓市场经济的手段就涌现了出来（诸如极低价的恶性竞争、挖墙脚，乃至变相回扣等）。

然而，这个阶段也还有另一个比较突出的大问题，那就是旅游规划编制者与地方官员及项目主持者不切实际的"大手笔"。头脑不太冷静，好像旅游规划就是如何花大钱的安排，甚至花得越多越好；但是老百姓收入毕竟有限，他们还没有达到花大钱的时代，所以各地开发出的不少大项目都铩羽而归。追其原因，除了对时代、对地域、对旅游发展与居民收入现状的关系有欠深入了解外，是否还存在着"大手笔"们对旅游规划的认识粗浅的问题？所以实在还有深思探究的必要。

在旅游规划的研究出版方面，其实是有不少的书籍和论著可供大家学习借鉴的。回忆起来，这么多年，除了报刊的众多文章外，记得早期专门探讨旅游规划与开发的读物，如1982年翻译出版的夏威夷大学朱卓仁所著《休假地的开发及其管理》的详论（600余页）、1993年出版的邹统钎等主编的《旅游开发与规划》教材（图13）、1993年翻译出版的世界旅游组织的《旅游度假区的综合开发模式》的案例，对学界业界都多有影响。印象中，近些年的诸家编著至少也有数百种，我自己买的不太多，阅读也有限。不过，我倒是在这里想向大家推荐两本有关著作。

一本是吴必虎2010年出版的《旅游规划原理》，那是作者通过对近2 000种全球旅游规划研究文献进行梳理，结合自己多年亲身主持旅游规划的实践，在对旅游资源和对旅游市场都进行了深入研究后完成的。另一本是2018年王衍用出版的《中国旅游发展新理念：颠覆与重构》。如果说吴必虎所著的《旅游规划原理》是作为学者博览群书并结合自己实践的研究结晶，那么王衍用所著的《中国旅游发展新理念：颠覆与重构》则是学者根据自己的不断实践所提出的对他人许多意见的颠覆（图14）。各有所到，各有所长，对研究者和实操者也许都会大有裨益。

在回顾我国旅游规划发展历程时，还不该忘记主题公园在我国的开拓与创新。自1989年华侨城的"锦绣中华"正式运营后，其"中国民俗文化村"和"世界之窗"等又相继建成开业，虽然其最初思路来自"马德罗丹小人国"、波利尼西亚民俗文化村及迪士尼乐园等的启示，但是其自我的不断创造及其在市场拓展方面的极大成功，却成为中国

图13 《休假地的开发及其管理》《旅游开发与规划》《旅游度假区的综合开发模式》等，都是不能忘记的早期论著与教材

图14 吴必虎的《旅游规划原理》和王衍用的《中国旅游发展新理念：颠覆与重构》

主题公园建设的极大推力，不仅华侨城自己后起的"欢乐"主题园区向全国拓展，这些年来全国各地各种类型的主题公园也不断急速涌现。

据TEA与AECOM在2020年联合发布的2019年全球主题公园集团排行榜，我国几大主题公园集团中的华侨城、方特、长隆已经跃居至全球第三、第五、第六；而第二梯队的海昌、宋城等已届成年，近年又有了恒大海南海花岛主题乐园群等陆续出现；外来开业四年多的上海迪士尼正在建设全球第一的"疯狂的动物城"，北京的环球影城也正筹划着开业运行；内生集团继续向大中城市拓展，国际知名品牌（如默林、六旗等）也竞相前来抢滩，这种多元资本的多样的主题公园在全国各大中城市大量落户的态势，铸就了我国正在成为全球主题公园的最大市场。

基于游乐、水上、动物、海洋、科技、演艺、影视等众多主题对园区构思和技术的要求，也基于文化休闲综合体对游、娱、购、食、住多要素的覆盖，各大主题公园集团大都有着本系统的策划、规划、设计、演艺以及经营管理等专业团队，这也是普通规划单位难以企及的。尽管其中涉及商业秘密，但人们对这一互不沟通的状态也是有所遗憾的，因此2015年11月在穗召开的"中国主题公园高峰论坛"和2016年11月在京召开的"主题公园设计高峰论坛"便特别引人注目（较之此前在北京、常州等地举办的以单一主题公园为中心的峰会，它们有着更宽的学界和业界的覆盖面）；基于同样的考虑，《旅游规划与设

图15 《旅游规划与设计》的《旅游演艺·旅游影视》专辑、《创意旅游综合体》专辑、《主题公园》专辑

计》也在2016年出版了《主题公园》专辑（第19辑）。

在《旅游规划与设计——主题公园》专辑中，编者既安排有学界圆桌会议的恳谈，安排有对中外业界行家的深度采访，也安排有不少研究者对海内外主题公园历史现状的分析，保继刚、董观志、马勇、楼家军、梁增贤等多有著述问世的专家也在其间发声（参会研讨或者撰文）。如果需要扩展阅读，《旅游规划与设计》还编辑出版有《旅游演艺·旅游影视》和《创意旅游综合体》等与主题公园密切关联的专辑（图15）。据我自己的体会，上面的会议和《旅游规划与设计》专辑的立意，就是为了总结主题公园发展的经验，同时正视我国主题公园面临的挑战，从而找出其继续发展和经营管理的更佳路径，以期解决大发展后它所面临的市场适应问题。

四

2013年开始实施的《中华人民共和国旅游法》，作为对全国旅游活动的最有权威的规范，在其第三章"旅游规划和促进"中已对旅游规划编制的诸多方面有了明确的规定。这就为全国旅游规划的编制奠定了新的基础，自然也让全国这一方面的管理迈上了一个新的层次。

2014年多部委颁发的有关"多规合一"的文件，又为旅游规划的编制带来了难得的预期。不过从后来的实践来看，效果还是有差异的（地方政府重视旅游业的，在合一的多规中，旅游得到了更多的发展机遇；如果地方政府的态度不同，结果也就大不相同）。以致后来，人们又恢复了这样的认识：旅游发展如何，还得靠地方的旅游发展规划。

在这一阶段，我虽然离旅游规划的编制和评审都远了，但是仍然保持着关心。这段时期我主要做了两件事，一是出版了我的旅游规划文集，二是参加了《旅游规划与设计》的编辑工作。我整理出版拙著文集《旅游规划七议》，那是中国建筑工业出版社编辑向我建议的，于是我精选了我此前有关旅游规划的论文和讲话发言，并且以专与博的纵轴横轴十字交叉的方式把它们组织起来，以期能够对读者略有一点用处。出版社给了我一万多元的版税，一转手我便把它都买成了书，送给了老朋友和索书的微信上的朋友们。

《旅游规划与设计》是北大旅游研究与规划中心主持编辑、中国建筑工业出版社出版的一份连续出版物，从2010年起至2021年，已经连续出版了34辑，每辑都有一个理论与实操并重的旅游规划主题（应该感谢编辑部林丽琴、姜丽黎、袁功勇、陈静、刘鲁等年轻朋友为此付出的艰辛）。其间的2013年，中心主任吴必虎主编邀我担任该刊

的名誉主编，自然我也觉得应该协助他们做点力所能及的事，从而有机会继续为旅游规划界略尽绵薄之力（虽然我现在参与编辑部的工作已经很少很少了，不过在2013年至2017年的四年间，也还是做了一些具体工作的）。

就全国的态势而言，据2016年的资料，全国已有甲级旅游规划资质单位100家、乙级资质单位270家，以及数量更多的丙级资质单位。据人们近年的估计，全国的旅游规划单位大约共有2 000家。

这中间，为学界业界公认水平突出的，约有二三十家。其中尤其引人瞩目的，自当是杨振之的"来也股份"（全称成都来也旅游发展股份有限公司），它是全国第一家获得上市许可的旅游规划单位。还有俞孔坚和他的"土人设计"（全称北京土人城市规划设计股份有限公司），更以其规划设计理念和诸多成功案例在国内外获奖而得到了许多赞许。还有中国城市规划院周建明主持的旅规中心（现名中国城市规划研究院文化与旅游规划研究所），作为"国家队"，更以其对规划理念和技巧的纯熟完成了不少的旅游规划。有独立研究者还特别就吴必虎的"大地风景"、刘锋的"巅峰智业"、杨振之的"来也股份"、林峰的"绿维文旅"等企业的发展历程给予了分析，如从当前发展的总态势来看，"大地风景""巅峰智业""来也股份""绿维文旅"等，的确正在成为我国旅游规划界的领军企业，它们正和另一些有时代感的企业共同塑造着这个行业的面貌，也正折射着这个行业花枝多彩的格局。

2016年11月，在北京奥林匹克公园玲珑塔召开的一次规划单位的全国性会议，我觉得也应该一提。会议是规划界同仁们为了增进全国各地旅游规划机构的协同，为构建规划机构与政府之间的桥梁，由50多家有关单位共同发起的（图16）。会上，不少知名单位的领军人物纷纷发言，除交流经验外，一致希望中国旅游协会能够尽快成立"旅游规划分会"，以期把有关部门的文件精神转为具体工作的实际。由此也不难看出，提高旅游规划服务质量确实是有责任感的规划单位

图16 旅游规划编制单位的一次交流会于2016年在北京奥林匹克公园召开

图片来源：由《旅游规划与设计》编辑部提供

的一致心声。

据会议秘书组的记录，参会同行共有 60 人，分别来自大地风景、博雅方略、巅峰智业、绿维创景、大衍致用、江山多娇、华汉旅、同和时代、开思九州、世纪唐人、天一博观、中科院地理所、天大城市、上师大旅游、上海红东、江苏东方、杭商大风景、杭州华清、浙大风景、浙江悦景、浙江国际、浙江诗画、成都来也、成都聚合、四川旅规、重庆浩丰、重庆宁邦、重庆浩鉴、西安建大、陕师大旅游、广州海森、广州智景、深圳中营、广东中建、广东新空间、广西西大旅研、广西旅规、福州规划、福建融景、武大景园、湖北大学旅规、湖北远莱、湖北世旅、青岛深蓝、山东旅规、山西风光、山西旅规、江西旅规、宁夏景园、《旅游规划与设计》编辑部等。

除了会议交流外，旅游规划的同仁还通过多种形式交流切磋，在一个有 120 余人的"旅游规划甲级资质"微信群里，前面未曾提及的城规院旅规、清华同衡、土人景观、中大旅游、上海奇创、同济城市、同济风景、中南生态、北京创意、北京中景园、深圳多彩、南京智博、江苏城规、浙江名苑、浙江远见、浙江大尖、杭州中翰、江西旅规、安徽师大、昆明艺嘉、云南旅规、云南城乡、济南三大等许多规划机构均在其中，且其不少领军人物也常在群中与群友沟通切磋。随着我国高校旅游专业对旅游规划课程日益重视，这些年来，不同编者多种版本的《旅游规划与开发》教材推出（有一家出版社的该名教材在2018 年就已经出到了第四版），这也是十分有利于新一代旅游规划人成长的。

由此可见，全国的旅游规划不仅当前确实有了一支兵强马壮的队伍，而且这支队伍的继续发展也是后继有人的。

21 世纪第二个十年值得注意的大环境的变化，是文化和旅游部在其成立后的第二年（2018 年）的 5 月，就先后发布了《文化和旅游规划管理办法》和旅游行业标准《旅游规划设计单位等级划分与评定条件》（图 17）。文件中将文化规划和旅游规划并列提出，显然为旅游里文化"灵魂"的充实带来了更佳的机遇；而在旅游规划设计单位资质评定条件从行政许可向标准化的转变中，诸如对人员结构、设备基础、曾有业绩等方面要求的提升，又更

图17 文化和旅游部发布的《文化和旅游规划管理办法》与旅游行业标准《旅游规划设计单位等级划分与评定条件》

推进了规划设计水平的提升。此外，2020 年 10 月由文化和旅游部资源开发司主办，中央文化和旅游干部管理学院、南京市文化和旅游局承办的"全国旅游规划质量提升培训班"在南京开班，也都显示着主管部门为此做出的不断努力。

这一变化，也正好为迎接 21 世纪第三个十年的"十四五规划"和"十五五规划"的旅游规划编制高潮做好了准备。现在，国家"十四五"规划已经对全国旅游和休闲的发展提出了任务，全国的、各省市县的旅游休闲发展规划以及跨省市县的区域旅游规划都正在提上日程。一些旧目的地的改造、新目的地的开拓，还有国家"十四五"规划提出的"打造一批文化特色鲜明的国家级旅游休闲城市和街区"等任务，都正等待我们的旅游规划工作者去发挥作用，当然这也是旅游规划单位难得的"好生意"，因此必须以高标准和高度的责任心去认真完成。

经过 2020 年"新冠"疫情之后，旅游规划可能会迎来一个变化的新格局。旅游规划不仅必须深入摸透要规划的地区的资源状况，必须深入了解国内外旅游市场和规划地域所能够获得的各级市场的状况，还得处理好经济与自然、经济与社会、经济与文化、经济与生态环保的关系，处理好产业链条上各相关行业的关系，同时还必须综合考虑更复杂形势下社会各方面之间的利益平衡，牢牢把握住"以人为本""人民至上"的理念，并在不断变动的格局下做出能够适应变动的总安排。

面对当前防疫常态化的现实，还必须认真考虑旅游产品的需求变

化，对新需求的响应及以产品创造需求的途径，诸如自驾游路线的开拓，自驾营地和房车营地的安排，步道风景道对游客的分流，景区主题的创新，住宿地的生态安排，饭店餐饮店的通风及客人之间的合理间隔，公共区域与常年风向垂直的线性休息地的开辟，以及对定制旅游的适应，等等，这些都需要规划师的智慧。

另外，在国家"优先发展农业农村，全面推进乡村振兴"的"十四五规划"实施中，乡村旅游也迎来了新机遇，这也是进一步思考乡村旅游如何助力农业发展和乡村振兴的好时机。如何深刻认识此前风靡全国的"民宿"规划的得失，如何以新思维做好乡村旅游规划，也是规划界不得不面对的一个大课题。

最后还有一句真话不能省略，那就是无论是政府还是企业，都应该学会识别粗制滥造的规划。那些胡吹瞎侃的策划和不切实际的规划实在信不得，一是落实不了，如果真要"落实"了，往往就更惨。譬如连波兰马列士著名的"水"的"门槛理论"都不懂，却不顾当地水量和水质，硬要规划建设庞大的旅游综合服务区（乃至城市），这些都是值得我们警醒的。同时，曾经在我国出现过的那些因为脱离市场研究而死亡的主题公园们，也是值得我们从中吸取教训的。

我怀着由衷的期待，期待我国的旅游业能够因旅规划行业的努力而获得长久健康的发展。

[本采访记的原简约稿曾发表在新媒体《易水文旅》上（系该刊周易水采访整理），本书收录的重访整理插图的长稿是在原简约稿基础上由《旅游规划与设计》编辑部再次采访整理的，并已交由受访者核对和补正。]

受访者补述

为了深入贯彻落实党中央、国务院关于深化"放管服"改革、优化营商环境的有关要求，进一步放宽旅游领域准入限制，激发市场活力，不久前（2021年）的8月24日，文化和旅游部办公厅向全国各省、自治区、直辖市文化和旅游厅（局）等下发了《关于不再开展旅游规划设计单位资质认定和备案工作的通知》："决定不再开展甲级、乙级旅游规划设计单位资质认定和复核工作，同时不再受理丙级旅游规划设计单位资质备案工作。"

该通知的发布关系着中国旅游的健康发展，也是旅游规划如何更好地服务于中国旅游发展新阶段的大事，因此引起了全国旅游界的高度重视。

文化和旅游部推动市场继续开放的这一举措，自然十分有利于旅游规划市场进入，它对市场的繁荣和规划质量的提升，对全国旅游发展的作用，自当不可低估，自然也就获得了众多的称赞。不过在普遍的看好声中，一些严谨学者也表现出有或多或少的顾虑。

文化和旅游部作为政府行政部门，不再开展旅游规划设计单位资质认定、复核和备案，自当为旅游规划活动的开展、为未来全国旅游规划与开发注入新元素。不过我觉得大家也不必对日前社会评议中的"一个时代的落幕"的提法做过分的解读（我个人理解，这句一家之言只是为了强调"在过去的一个阶段曾经一度实施且后来已经暂停的，由政府行政部门认定和备案旅游规划设计单位资质的工作不再开展"，很显然，这并不意味着对有关旅游规划工作所必需的资质要求制度的全部否定），可以预料，未来旅游规划的市场一定是对当前市场的优化，但它最终也只是不断发展中的又一个阶段，而不是将已有的成就全部推倒重来。

作为中国旅游规划发展40年的一个见证者，我自己感到，放开市场准入，这只是一件好事的开头；同时，接下来也一定还有不少的工作要继续做下去；也相信，在"放管服"的"放"之后，"管"与"服"一定会紧紧地跟上。

我曾回顾到，40年来我国旅游规划的发展，为全国旅游的发展提供了有力的支撑；它对各地旅游供给的增强和品质的提升，确实发挥了其他任何要素都无法代替的积极作用。我还说到，当前我国确实已经有了一支兵强马壮的旅游规划队伍，而且这支队伍的继续发展也是后继有人的。同时，我也回顾到在20世纪80—90年代旅游规划准入宽松阶段曾经出现过规划良莠不齐的现象。

正是因为我国社会具有调节和纠错的功能，20世纪80—90年代旅游规划在发展中的弊病也引起了社会的重视和各个方面的行动。首先就表现在学界的重视和研讨，如

1993年4月由北京旅游学会与《旅游学刊》联合发起的由在京著名学者参加的"旅游规划理论与实践学术研讨会";中国旅游协会区域旅游开发专业委员会、中国地理学会旅游地理专业委员会、青岛大学、北京大学等七单位1994年4月在汕头召开的200余人踊跃参加的"第四届全国区域旅游开发学术研讨会";同年9月在北戴河召开的《旅游学刊》"旅游科学理论与实践第四届全国学术研讨会";同年11月由中国旅游未来研究会与海南省旅游局、河南省旅游局等五单位发起召开的"旅游发展规划研讨会"。如此等等,都注目于如何克服旅游规划市场出现的问题,同时也推动了旅游规划和旅游规划人员迅速成长。

对待开放的市场,也就是在当时,有关部门也不断研究管理办法,如1992年《中国旅游资源普查规范(试行本)》的推出,2000年10月和11月《旅游规划管理办法》《旅游规划设计单位资质认定暂时办法》的正式发布,以及2003年国家标准《旅游规划通则》的公布,也都是旅游主管上级针对20世纪80-90年代旅游规划乱象和旅游规划单位无序进入采取的规范措施。2013年开始实施的《中华人民共和国旅游法》,更在其第三章"旅游规划和促进"中对全国旅游规划活动做了最有权威的规制。

不可否认,由于时代的发展,此前主管部门制定的规范也有不能很好地适应新态势的地方(包括《旅游规划管理办法》《旅游规划设计单位资质认定暂时办法》,以及2003年出台的国家标准《旅游规划通则》存在不足);所以在2018年5月,文化和旅游部便先后发布了《文化和旅游规划管理办法》和旅游行业标准《旅游规划设计单位等级划分与评定条件》LB/T 076-2019,这显然是主管部门为完善规划管理、提高规划质量,不断提升文化和旅游规划工作的科学化、规范化、制度化水平的一次努力。《文化和旅游规划管理办法》将文化规划和旅游规划并列提出,显然为旅游的文化"灵魂"的充实带来了更佳的机遇;而《旅游规划设计单位等级划分与评定条件》,把规划设计单位等级划分与评定从原来的行政许可引向标准化,以及在人员结构、设备基础、曾有业绩等方面要求的提升,又更推进了规划设计的水平。所以说,今年(2021年)8月24日下发的《关于不再开展旅游规划设计单位资质认定和备案工作的通知》的"放管服"措施,实际上应该是对此前的管理办法进行优化的第一步。

至于下一步的工作,不少相关学人和业界朋友都有一些建议,猜想主管部门一定是在积极地策划和研究中。我不知情,不能乱说。

我印象中,2017年国土资源部在"不再受理地质勘查资质新设、延续、变更、补证等申请和开展审批工作"后,曾就做好取消审批后的地勘行业监督管理工作,保障地质勘查工作有序发展,发布过一次公告。该公告共有五项措施(实行地质勘查信息公示公开,加大监督检查力度,建立地质勘查单位异常名录和黑名单制度,推进行业诚信自律体系建设,制定标准规范)。如其中的"推进行业诚信自律体系建设"就提出了"充分发挥地质勘查行业组织自律作用,支持行业学会、协会开展行业信用评价、标准建设等工作,完善行业信用体系";"制定标准规范"则提出了"根据生态文明建设的需要,制定、修订并发布地质勘查标准和规范,引导地质勘查行业有序健康发展"。也许类似的措施,文化和旅游部的有关司、厅和同志在考虑下一步的措施时,早已经考虑到了。其实,我前面提到的《旅游规划设计单位等级划分与评定条件》LB/T 076-2019,就是一个非行政命令的"推荐性"标准(该标准编码的"T"字母已经标明),如果今后"中国旅游协会旅游规划分会"得以成立,由业者自愿加入的行业协会来推荐使用这样的资质标准也是很有基础的,而且这标准比早年的《旅游规划设计单位资质认定暂时办法》可行性更强。国际上,如澳大利亚生态旅游区的经营,其准入也是由民间机构来管理的。

旅游规划关系着庞大资金的投入(动辄数百万、数千万,乃至上亿元),而且不少情况下的旅游规划(尤其是地方政府委托的旅游规划)又是关乎地方民生的公共决策,所以面对这样重要的任务时,人们一直讨论"旅游规划师"的个人资质认证制度在我国实施的必要性,我在2000年讨论《旅游规划通则(初稿)》时也曾有过这样的意见。类似的建议,不妨考虑纳入有关旅游规划资质研究斟酌的选项。现在我国的城乡规划工作,已经有了"注册城乡规划师职业资格"的制度规定，而且考试制度也已经有了，取得职业资格不仅要考几门专业课，并且对报考条件还有着学历和从业年限的规定。就我个人的认识而言，我个人觉得"注册旅游规划师职业资格制度"目前最好是作为"方向"来考虑，作为推动我国旅游规划（或文化和旅游规划）高质量发展的策略来提倡，但暂时还不能普遍推行。如果目前过分强调个人资质的准入，也许有的规划单位马上就会垮台，有的规划工作者就会失业，我们不应该让这样的现象在我国出现。

此外，还应该及时研究和推出旅游规划的编制指南（标准），研究和推出旅游规划的评审制度，研究和推出旅游规划评审人员的资质和责任制度，以及研究和推出旅游规划效果和效益的检查回访制度，等等，以期能够在开放市场的背景下保证旅游规划质量不断提升。

（刘德谦补述，林丽琴、姜丽黎记录整理）

BES | 大地风景文旅集团
BES Culture and Tourism Group
目 的 地 美 好 生 活 创 新 服 务 商

赋能
目 的 地
美好生活
新 时 代

ENABLE A BETTER
DESTINATION LIFESTYLE
AT THE NEW ERA

规划设计 | 投资融资 | 注入内容 | 运营资产

 策划咨询
 规划设计
 创建辅导
 运营管理

 民宿乡建
 旅游文创
 遗产活化
 研学教育

 品牌营销
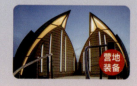 营地装备
 智慧旅游
 节事活动

 投资融资
 丝路驿站

www.bescn.com sales@bescn.com
010-59393252 189-1130-5757

大地风景微信公众号
扫码关注

文旅云学堂
扫码听课

中国古村镇大会
选址办法

大会概要

中国古村镇大会创办于2015年，迄今已成功举办三届，是国内迄今为止唯一一个超部门、多学科、跨行业的开放性古村镇领航大会。大会以公益开放的心态，整合国内外高端思想资源，联合全国关心古村、文化传承和乡村发展的社会各界人士，增强社会爱护古村的意识，积极探索路径让古村更好地传承发展下去，以期探索有益于古村保护和可持续经营的发展道路，缔造国内顶尖的新锐思想圈，成就中国古村保护活化民间最权威、最具影响力的智力机构和合作平台。

选址目的

古村镇大会选址目的是建立一个为中国传统村落和古村重要事务对话的公共平台。会址选定以市（县）为单位，在与会各方交流、合作，并就大会主题、事务达成初步共识的同时，寻求与会址间的共赢发展。

古村镇大会的举办将推进会址所在地包括乡村旅游、投融资、产业建设与整合、形象推广在内的多方面共同发展，为产业生态圈及乡村建设提供有利契机：

★ 快速提高村镇知名度　★ 大力推进重点项目建设　★ 整体提高干部群众观念　★ 全方位引入智力资源　★ 促进项目合作与落地

选址条件及选定

古村镇大会年度会址选择范围原则上限定于传统村落或古村落分布较多的区域。

（一）该区域具备鲜明的村落地域文化特点（较多的古村落、实践较好的村落案例等）。

（二）无偿提供可容纳至少500人的会议场所，具备食宿接待基本设施。

（三）为大会提供基本筹备费用，具体内容可与大会秘书处接洽。

（四）会址所在地政府对于古村镇大会的举办给予政策认可和支持，并于当地及周边政府机构予以宣传推荐。

（五）会址所在地应具备较有特色的产业体系及开放、包容的投资环境。

业界推荐　实地考察　综合评审　采取"业界推荐、实地考察、综合评审"的方式确定年度会址所在地。

联系方式

大会秘书处：中国·深圳·坂田五和大道南2号万科星火Online 7-238
7-238, Vanke Spark Online, NO.2 Wuhe South Road, Bantian Street, Longgang District, Shenzhen, Guangdong, PRC
Tel：0755-28895149　WeChat：gucunhui　www.gucundahui.com

大会官方二维码

旅游规划与设计 往辑回顾

《体育旅游与户外游憩》
2021年6月，第34辑

《遗产活化 社会参与》
2020年11月，第33辑

《野生动物旅游》
2019年12月，第32辑

《旅游风险与旅游安全》
2019年3月，第31辑

《美食旅游》
2019年1月，第30辑

《自然旅游与自然教育》
2018年9月，第29辑

《旅游建筑与建筑旅游》
2018年6月，第28辑

《城市旅游》
2018年3月，第27辑

《地学旅游》
2017年12月，第26辑

《乡村健康旅游与乡居生活方式》
2017年9月，第25辑

《遗产旅游：呈现与活化》
2017年6月，第24辑

《景区容量与游客管理》
2017年3月，第23辑

《儿童及亲子旅游》
2016年12月，第22辑

《生态旅游》
2016年10月，第21辑

《台湾乡村旅游与民宿》
2016年6月，第20辑

《主题公园》
2016年3月，第19辑

《旅游厕所》
2015年12月，第18辑

《传统村落：保护与活化》
2015年9月，第17辑